MI VIAJE POR ÁFRICA

Winston Churchill

MI VIAJE POR ÁFRICA

EDICIONES DEL VIENTO

Título original: *My African Journey*

1ª edición, marzo 2004
2ª edición, abril 2006
3ª edición, enero 2009
4ª edición, abril 2011
5ª edición, mayo 2024

EDICIONES DEL VIENTO S.L.
C/ Alfredo Vicenti, nº 32 - 9º / 15004 A Coruña
www.edicionesdelviento.es
Diseño y maquetación: Inés de la Peña

IBIC: WTL
ISBN: 978-84-18227-55-4
Depósito legal: C 679-2024
Impreso por: Tecnica Digital Press
Impreso en España / *Printed in Spain*

El papel utilizado para la impresión de este libro, fabricado a partir de madera procedente de bosques y plantaciones sostenibles, es cien por cien libre de cloro y está calificado como papel reciclable.

Índice

Prefacio

A menudo se han supervalorado las ventajas de viajar en lo que a la recopilación de datos se refiere. Se ha escrito tanto, hay tantos hechos registrados acerca de cada país, incluso del más remoto, que un estudio perseverante y sensato de los materiales existentes, sin duda capacitaría al lector para empaparse de conocimientos hasta casi la saciedad sin tener siquiera que abandonar el asiento. Pero, para formarse una opinión propia, para estimular y enriquecer el pensamiento o para apreciar los colores y las proporciones, son inestimables las dádivas del viaje, y más aún si el recorrido se hace a pie. Con el propósito y la esperanza de procurarme tales dones, emprendí el año pasado la peregrinación de la que dan cuenta estas páginas. No podría asegurar que haya logrado alcanzarlos ni mucho menos que, en el caso de haberlos obtenido, sean transferibles. Por eso reviso estas páginas con humildad. A menudo han sido escritas en las tórridas tardes de Uganda, tras haber completado la marcha del día. En su mayor parte ya han aparecido en la *Strand Magazine* y sólo se les ha añadido lo imprescindible para completar la historia.

Contienen una crónica cotidiana de los aspectos más placenteros de lo que supuso para mí un delicioso e inspirador viaje y, con la esperanza de reanimar y fortalecer el interés de los británicos por los maravillosos estados que hemos adquirido recientemente en el cuarto nordeste de África, las ofrezco en su conjunto a la indulgencia del público.

Londres, 1908
WINSTON SPENCER CHURCHILL

Prólogo*

La editorial Hodder & Stoughton publicó por primera vez en formato de libro Mi Viaje por África en diciembre de 1908, con una tirada de 12.500 ejemplares. Previamente había aparecido por entregas en la *Strand Magazine* entre marzo y noviembre de ese año (entre abril y diciembre en las ediciones norteamericanas de la revista). En el mismo año se publicaron también dos versiones norteamericanas de la edición británica que tal vez la hayan precedido. Estas últimas fueron editadas por William Briggs, de Toronto, y por la filial neoyorquina de Hodder & Stoughton's en asociación con George W. Doran Company, conservándose en la actualidad ejemplares con los sellos de ambas editoriales.

En 1919 apareció una edición de bolsillo de Hodder & Stoughton y en 1964 Icon Books publicó otra más. El libro fue editado de nuevo por Holland Press y por Heron Books en los años sesenta. No se tiene constancia de ninguna traducción de la obra.

En diciembre de 1905, tras la dimisión de Mr. Balfour como primer ministro, se constituyó un gobierno liberal bajo la dirección de Sir Henry Campbell-Bannerman. Winston Churchill, que tenía entonces 31 años, fue designado para su primer puesto ministerial como subsecretario de Estado para las Colonias, ostentando el cargo de secre-

* De *My African Journey*, Mandarin Paperbacks, Octopus Publishing Group, Londres 1989.

tario el conde de Elgin, un hombre de afable carácter que, teniendo intereses propios en Escocia y un escaño en la Cámara de los Lores, ofrecía al nuevo subsecretario un amplio campo donde desarrollar sus incipientes talentos y ambiciones. Churchill, de inmediato, le pidió a Edward Marsh, entonces un gris empleado del departamento del África Oriental de la Oficina Colonial, que se convirtiera en su secretario personal, iniciándose así una relación que iba a perdurar durante los siguientes treinta años. Más tarde escribiría Marsh: «Yo le llevaba dos años a mi futuro jefe que, sin embargo, me inspiraba cierto temor. Habíamos coincidido el año anterior... y aunque me lo había imaginado como la persona más brillante que jamás hubiera podido conocer, me sorprendió encontrarlo un tanto truculento y arrogante», un acertado veredicto que quizás no haya sido superado por ningún crítico posterior.

En 1907 Churchill decidió realizar un viaje al África Oriental durante las vacaciones de otoño, una decisión que Lord Elgin no dudó en aplaudir. El número del 31 de julio de la revista Punch contiene una viñeta en la que se ve al secretario de Colonias despidiéndose de su subordinado. Bajo el título, *Qué dulce es el dolor de partir*, aparece una leyenda que reza: «Bueno, chico, ya ves que te facilito la partida aunque te voy a echar mucho de menos. Procura tomarte un buen descanso "y, hagas lo que hagas, ¡no te apresures a volver!"».

Antes de embarcarse con destino a África, Churchill pasó un mes en el Continente, presenciando las maniobras del ejército francés con su nuevo amigo F.E. Smith; después, vía Viena y Siracusa, viajó a Malta, donde lo estaban esperando Eddie Marsh, el coronel Gordon Wilson, casado con su tía lady Sarah Churchill, y el crucero *Venus* "que permanecía atento y vigilante en el muelle". A través de Chipre y "el largo y rojo surco del Canal de Suez", el grupo se dirigió a Mombasa, ciudad a la que llegaron a finales de octubre y donde comienza *Mi Viaje por África*.

Pronto se iba a preguntar Elgin cómo "una expedición privada de índole deportiva" había "derivado en un beneficio público tan relevante". Según Ronald Hyman, en su obra *Elgin and Churchill at the Colonial Office*, «Aparte de los reportajes turísticos aparecidos en la *Strand Magazine*, Churchill remitió artículos sobre todos los temas posibles: Malta, Chipre, Somalia, el ferrocarril del África Oriental o el Nilo».

Sir Francis Hopwood, subsecretario permanente de la Oficina Colonial, se expresó incluso con más contundencia, en una carta dirigida a Lord Elgin fechada el 27 de diciembre de 1907: «Resulta de lo más fastidioso tratar con él y me temo que acabará creando problemas —como ya hizo su padre— en cualquier puesto que se le asigne. Su vitalidad arrolladora junto con su desmedido afán de protagonismo y su carencia de sentido ético ¡lo convierten en un verdadero incordio!... Churchill debería haber reservado sus comentarios para su regreso a Inglaterra... Marsh nos ha ofrecido una vívida descripción de las jornadas de hasta catorce horas que dedicaba a sus informes pese al implacable sol y a la agobiante travesía del Mar Rojo».

En el segundo tomo de la biografía de su padre, Randolph Churchill escribe: «Durante su estancia en África, Churchill recibió una oferta de la *Strand Magazine* para que redactara cinco artículos sobre su viaje a razón de 150 libras esterlinas por cada uno. La aceptó encantado porque esas 750 libras "amortizarían por completo todos los posibles gastos de esta empresa" y, además, añadiéndole a esta suma otras 500 libras procedentes de los derechos de autor de su obra, logró que su expedición acabara arrojando un inesperado beneficio. A su debido tiempo se publicaron tanto los artículos como el libro, *Mi Viaje por África*, que desde entonces es leído y elogiado en todo el mundo».

Todavía en la actualidad continúa entendiéndose básicamente como una "narración de viaje", una pieza literaria o un ensayo de extraordinaria lucidez: «Al africano se le reconoce el derecho a permanecer en su propio territorio... El verdadero rival es el hombre de tez morena... ¿Sobre qué base se sostiene la aspiración del indio británico a colonizar estas tierras?». Setenta años después Idi Amin iba a demostrar que tal reivindicación tenía los pies de barro.

TOM HART

I El Ferrocarril de Uganda

La imagen de Mombasa, cuando se la ve surgir del mar revistiéndose de formas y colores a medida que el barco se aproxima a toda velocidad, resulta muy atractiva e incluso fascinante. Pero para apreciar todos sus encantos, el viajero debería llegar desde el norte. Contemplar las ardientes piedras de Malta, bullendo y centelleando sobre un Mediterráneo azul acero. Visitar la isla de Chipre antes de que las lluvias del otoño hayan reverdecido el suelo, cuando la llanura de Mesorea es un vasto desierto de polvo, donde cada árbol en sí mismo —aunque sólo sea un arbusto espinoso— es un bien hereditario y cada gota de agua, una joya. Caminar al mediodía durante dos horas por las calles de Port Said. Abrirse paso a través del largo y rojizo surco del Canal de Suez y sentirse sofocado al cruzar la hondonada del Mar Rojo. Permanecer todo un día en las volcánicas tierras de Adén y una semana entre las abrasadas rocas de Somalia del Norte. Sólo entonces, tras cinco días de mar abierto, su mente y sus sentidos estarán dispuestos para saludar con una sensación de intenso placer estas riberas de un fresco y exuberante verde. Por todos lados se observa una tumultuosa, húmeda y variada vegetación. Enormes árboles, revestidos de denso follaje y ocultos tras enredaderas, emergen de lechos de verdor abriéndose camino entre la maleza; palmeras entrelazadas por guirnaldas de flores; todo tipo de plantas tropicales que se nutren de la lluvia y del sol; alta hierba entretejida, brillantes manchas de púrpura buganvilla y, en el medio, esparcidos por allí, asomando apenas la cabeza sobre la fértil inundación de la naturaleza, los rojos tejados de las casas y del puerto de Mombasa.

El barco sigue un canal zigzagueando entre altos farallones hasta descubrir un lugar de amarre seguro, rodeado de tierra, en una superficie de cuarenta pies de agua situada a un tiro de piedra de la orilla. Acabamos de llegar a la puerta del África Oriental británica, en concreto, al estuario donde desemboca todo el tráfico de los países que se asientan en torno a los lagos Victoria y Alberto y a las fuentes del Nilo. A lo largo del muelle que se está construyendo actualmente en Kilindini, el puerto de Mombasa deberá hacer fluir, en cualquier caso y durante muchos años, la corriente principal del comercio procedente del norte y este de África. Cualesquiera que sean los beneficios que un gobierno civilizado o una compañía comercial pudieran obtener de los inmensos territorios situados entre Abisinia del Sur y el lago Tanganika, entre el lago Rodolfo y la cordillera Ruwenzori, hasta llegar por el oeste a los afluentes del Congo y por el norte al Enclave de Lado*, cualesquiera que sean las necesidades y demandas de las numerosas poblaciones comprendidas entre estos límites, es a través del modesto rompeolas de Kilindini por donde ha de pasar necesariamente todo este tráfico.

Kilindini (o Mombasa, si se me permite llamarle así) es el punto de partida de una de las líneas de ferrocarril más románticas y maravillosas del mundo. Los dos raíles de hierro que serpentean entre las colinas y la vegetación de Mombasa no alteran la suave monotonía hasta que, tras penetrar en los bosques ecuatoriales, extenderse a lo largo de inmensas praderas y escalar casi al límite de las nieves perpetuas en Europa, se detienen —sólo por una vez— en las orillas del lago Victoria. Nos encontramos ante una ruta rápida y segura por la que el hombre blanco, y todo lo positivo y lo negativo que conlleva, puede penetrar en el corazón de África con las mismas facilidades y garantías con las que viajaría de Londres a Viena.

* Enclave del Lado: antiguo Congo Belga, en la actualidad República Democrática del Congo.

Breve ha sido la vida e incontables las vicisitudes del Ferrocarril de Uganda. La arriesgada empresa de un gobierno liberal pronto resultó expuesta a la crítica y fue repudiada sin piedad por sus propios progenitores. Posteriormente adoptada como un mimado huérfano por el Partido Conservador, a punto estuvo de perecer en sus manos a consecuencia de una mala gestión. Se llegaron a invertir casi diez mil libras por milla en su construcción y era tal el empeño de todas las partes implicadas en acabar de una vez la obra y los gastos de ella derivados que, en lugar de seguir la ruta más lógica y natural, a través de la llanura hasta las profundas aguas de Port Victoria, hicieron desembocar la línea a medio camino en el poco profundo golfo de Kavirondo*, y aun fue un milagro que llegara tan lejos. Es fácil censurar, e imposible no someter a crítica, los errores administrativos y de cálculo que empañaron, hasta el punto de echarlo casi a perder, un brillante proyecto. Pero todavía resulta más fácil, al cubrir en cuarenta y ocho horas un recorrido que habría supuesto penosas marchas de muchas semanas hace diez años, subestimar las dificultades que el inevitable desconocimiento y las asombrosas condiciones geográficas debieron de plantear a los pioneros. La habilidad británica para "salir adelante" ofrece en este caso una de sus más destacadas manifestaciones. A través de innumerables obstáculos —de bosques y barrancos, tropeles de leones al acecho, hambre y guerra— y a lo largo de cinco años de mordaces debates parlamentarios, a duras penas continuó circulando el ferrocarril; y he aquí que, por fin, de forma más o menos efectiva, ha alcanzado su meta. Otras naciones diseñan proyectos de líneas ferroviarias en África central con tanta inconsciencia y facilidad como si elaboraran programas navales; pero éste es un ferrocarril tan "real" como la Flota británica, no una idea sobre un papel ni un sueño en el aire, sino una entidad de hierro que traquetea a través de la jungla y la llanura, despertando con sus silbidos los sueños de la región de Nyanza y sobresaltando la primitiva desnudez de las tribus con baratijas "americani" *made in Lancashire*.

* Golfo de Kavirondo: actual golfo de Winan.

Sin permanecer en Mombasa más que lo justo para desearle suerte y admirar su fértil y prometedora región costera, ascendamos por esta línea férrea desde el mar hacia el lago. Para empezar, "¡menuda obra!" Todo se encuentra en perfecto estado. La ruta aparece desbrozada, suave y asfaltada como si fuera la del tren *London and North-Western*. Cada poste de telégrafos tiene su número; cada milla, cada cien yardas y cada cambio de rasante, su marca, pero no grabada en la blanda madera que nutre a la hormiga blanca, sino pintada sobre duro hierro. Las constantes obras han mejorado sin cesar las pendientes y las curvas del trayecto definitivo, de forma que el tren —uno de esos cómodos y prácticos trenes indios— circula con tanta suavidad como por una línea europea.

Tampoco se debería suponer que ese elevado coste de mantenimiento no se halle garantizado por la presente situación financiera de la empresa que, actualmente, está llevando a cabo una labor que parecía imposible de realizar en tan poco tiempo. Y por fin llega la recompensa: está empezando a obtener un beneficio —aunque sea modesto— sobre el capital invertido. Proyectado en principio como un ferrocarril de carácter político, que llegase hasta Uganda para asegurar el dominio británico en el Alto Nilo, ha alcanzado ya un valor comercial. En lugar de los habituales déficits anuales derivados de los gastos de mantenimiento con los que solían contar antes los expertos más competentes, se produce ahora un sustancial beneficio de casi ochenta mil libras al año. Pero esto es sólo el principio, y un imperfecto principio pues la línea, de momento, consiste en un mero tronco que carece aún de las imprescindibles extremidades y antenas, de una cabeza sumergida en las profundas aguas de Kilindini, de una larga cola de vapores extendiéndose por la superficie del lago y, sobre todo, de la lógica y necesaria prolongación hasta el lago Alberto.

Podemos dividir el viaje en cuatro etapas principales: las junglas, las llanuras, las montañas y el lago. La travesía de este último constituye una parte esencial en nuestro viaje por ser la prolongación más natural y económica del recorrido de este ferrocarril. Así pues, salimos de la estación de Mombasa por la mañana temprano, sentados en una especie de banco de jardín adosado al guardarrieles de la locomotora, en una posición que nos permite contemplar la totalidad del paisaje. Todavía tardamos un cuarto de hora en salir de Mombasa y, por fin, tras cruzar el canal por un largo puente de hierro, el tren se dirige de verdad al corazón de África. La línea asciende por una pronunciada pendiente, serpenteando con perseverancia a lo largo de estas vastas regiones mientras la tierra se despliega loma a loma y valle a valle, hasta que, tras una última mirada al mar y a las cofas militares del *Venus* —el buque de su majestad— que ofrecen una estrafalaria imagen en medio de las palmeras, nos sentimos totalmente sumergidos en el paisaje. Durante todo el día el tren circula cuesta arriba en dirección oeste, sobre un suelo ondulado e irregular, revestido por completo de frondosa vegetación. Preciosos pájaros y mariposas vuelan de árbol en árbol y de flor en flor. Profundas y abruptas gargantas, por donde fluyen caudalosos arroyos, se abren a nuestros pies, asomándose en los claros que surgen entre las palmeras y los árboles cubiertos de plantas trepadoras. Aquí y allá, a intervalos que se irán volviendo más cortos cada año, se ven plantaciones de caucho, fibra y algodón, la primera muestra de esos inagotables recursos destinados a satisfacer un día la aún ilimitada demanda europea de estos productos básicos. Continuamente atravesamos pequeñas y pulcras estaciones, con sus señales, depósitos de agua, oficinas de billetes y perfectos macizos de flores, cortados siempre por el mismo patrón y protegidos con impenetrables setos. En suma, un fino hilo de científica civilización, basada en la organización, la autoridad y el orden, que se tiende a través del primitivo caos del mundo.

Por la tarde empieza a soplar un viento más fresco y tonificante. Las húmedas tierras litorales, con sus fiebres y sus esplendores, han ido quedando atrás. A una altitud de cuatro mil pies ya es posible reírse del Ecuador. La jungla se transforma en bosque, no menos exuberante, pero con unos rasgos netamente diferenciados. El olivo remplaza a la palmera. En conjunto, la tierra ofrece una imagen más acogedora y familiar, aunque no menos fértil. Después de la estación de Makindu el bosque desaparece. El viajero penetra en una zona de pastizales. Inmensos campos de verdes praderas, agostadas y blanquecinas en esta estación de escasas lluvias, cruzados por arroyos y riachuelos que discurren entre oscuros árboles con apariencia de pinos y arbustos similares a los tojos, y divididos por abruptas rocas y lomas, configuran el nuevo panorama. Aquí comienza el maravilloso e incomparable espectáculo que el Ferrocarril de Uganda ofrece a los europeos: *Las llanuras están repletas de animales salvajes.* Desde las ventanillas del vagón se puede observar el despliegue de un completo parque zoológico. Manadas de antílopes y gacelas, tropas de cebras —de hasta cuatrocientas o quinientas en ocasiones— miran pasar el tren con suma placidez, o se alejan retozando unos cientos de yardas para acabar acercándose otra vez. A menudo se detienen a poca distancia de las vías. Con la ayuda de unos prismáticos se puede comprobar que por doquier ocurre lo mismo: se distinguen interminables filas de negros animales salvajes, rebaños de rojizos *kongonis* —los antílopes de Sudáfrica—, avestruces salvajes caminando con parsimonia en grupos de dos o tres y toda clase de pequeños ciervos y gacelas. Las cebras se acercan tanto que podemos admirar sus rayas a simple vista.

Hemos llegado a Simba, “El refugio de los leones”, donde nada impide que los pasajeros puedan ver uno, o incluso media docena, merodeando por la llanura, mientras los animales más pequeños los observan con respeto. De hecho, en otros tiempos existía la costumbre de detenerse allí para perseguir al majestuoso bribón, cuando se lo encontraba, y numerosos leones fueron arrastrados a la gabarra con aire triunfal antes de que el guardia, el conductor o cualquier otro empleado pudieran reparar en el sistema de señales, horarios y demás inoportunas restricciones de los servicios públicos. Más tarde, en el crepúsculo del atardecer, descubrimos una docena de jirafas retozando entre los dispersos árboles a menos de cien yardas de la vía y, en Nakuru, nos tropezamos con seis dorados leones que avanzaban despreocupadamente entre los raíles a plena luz del día. Sólo falta el rinoceronte que, tras haber medido en vano sus fuerzas con la máquina, apenas se deja ver y, aunque de mala gana, ha acabado por recluirse en los lechos de los ríos y en las imperturbadas soledades que, hasta una distancia de dos o tres millas, rodean por todas partes el Ferrocarril de Uganda.

Nuestro vagón permaneció tres días en un apartadero de la estación de Simba para que pudiéramos examinar más de cerca la fauna local. Uno de los mejores métodos para cazar en esta parte del mundo, y sin duda el más fácil, consiste en circular en una vagoneta por los raíles de un lado para otro. Los animales están tan habituados al paso de trenes y nativos por la larga vía que, en general, no les prestan mucha atención a menos que el tren o la vagoneta se detengan, lo que enseguida despierta sus recelos. El cazador debe, por tanto, deslizarse sin permitir que el vehículo ni el resto de la partida se detengan, ni siquiera un instante; de esta forma, a menudo se hallará a doscientos cincuenta o trescientos metros de su presa y, a partir de ese momento, el resultado ya sólo dependerá de su pericia, o de su falta de ella, en el manejo del rifle.

Existe otro método que pusimos a prueba el segundo día con la esperanza de cazar un antílope cob y que, en esencia, consiste en vagar al acecho entre la maleza y los árboles próximos al río. En pocos minutos uno se puede sumergir en un género de bosque de lo más salvaje y abrupto. El aire se vuelve estancado y tórrido. El sol, en un instante, parece imponer su justa prerrogativa. En las zonas descubiertas, el calor relumbra sobre la arena seca y las pozas de agua. Alta hierba, enormes piedras, marañas de vegetación y multitud de arbustos espinosos obstruyen la marcha al tiempo que el propio suelo, erosionado y esculpido por las lluvias, da lugar a las más extrañas formaciones. A la altura del pecho y de los hombros, por encima de tu cabeza, todo a tu alrededor se yergue la jungla africana. Se percibe un silencio preñado, roto tan sólo por el chillido de un pájaro, el ladrido gruñón de los babuinos o los crujidos de los propios pasos sobre el quebradizo suelo. Penetramos en la guarida de los animales salvajes donde, a menudo, es fácil distinguir sus pisadas y huellas o los despojos de sus presas. Por aquí ha pasado un león desde la mañana. Ahí, sin duda, ha estado un rinoceronte en la última hora, quizás en los últimos diez minutos. Nos deslizamos gateando por las sendas de caza, con los rifles amartillados, ansiosamente, sin saber qué nos va a deparar cada paso y cada curva. El viento sopla de forma intermitente, cambiando de dirección a cada momento. De manera que, en estos impenetrables dominios, nunca se puede tener la certeza de no haberse delatado ante el animal que se persigue, o ante algún otro ser todavía menos bienvenido, antes de alcanzar siquiera a divisarlo. Al fin, tras dos horas avanzando a rastras y a gatas, emergemos sin aliento, como desde otro mundo, desconcertados al encontrarnos a un cuarto de milla del apartadero donde se halla la vagoneta llena de comida, agua de soda, hielo, etc.

Pero si se pretende cazar el rinoceronte en sus abiertas praderas, es necesario adentrarse más en el terreno. Así pues, a la mañana siguiente, cuando todavía brillaban las estrellas, nos pusimos a patrullar por las lomas y colinas que rodeaban la línea de ferrocarril, asomándonos a los llanos y valles que se extendían a lo lejos. La hierba se eleva a gran altura en un suelo acribillado de agujeros y abombado por las rocas de lava, por eso nos sorprendió el mediodía antes de habernos abierto camino hasta un espolón que ofrecía una amplia vista. Allí nos detuvimos para examinar el paisaje con los prismáticos y deshacernos de las garrapatas, esos odiosos insectos que infestan los refugios de los animales, formando innumerables enjambres dispuestos a esparcir cualquier veneno entre el ganado de los campesinos. Las lentes no nos revelaron nada destacable. Se veían tropas y manadas de cebras, ñus azules y *kongonis* diseminados por las llanuras, a mayor o menor distancia, ¡pero ni un solo rinoceronte! Con la intención de completar la batida de un amplio círculo, continuamos la penosa marcha. Caminamos en vano durante una hora pero, justo cuando estábamos dispuestos a regresar —el sol estaba a punto de alcanzar su plenitud— aparecieron tres hermosos órix —grandes antílopes oscuros de largos cuernos acanalados— bajando hacia el agua por una cresta cercana. Al instante, avanzando encogidos y a rastras por el valle, iniciamos la persecución con la esperanza de interceptarlos en el río. Dos de ellos cruzaron sin contratiempos antes de que lográramos alcanzar nuestro objetivo. El tercero, nada más vernos, se dio la vuelta y desapareció en la colina donde, un cuarto de hora más tarde, cayó herido víctima de nuestro acecho.

Siempre son los animales malheridos los que procuran aventuras al cazador. Hasta el momento en que hiere a la presa, cualquier rastreador se mueve con sigilo, evita las partes expuestas al viento de los refugios inexplorados, rodea los cañaverales con cautela, percibe el árbol adecuado y mira sin cesar en todas direcciones; pero una vez que tienes el trofeo casi al alcance de la mano, emprendes la persecución a la máxima velocidad que te permitan tus piernas, sin preocuparte en absoluto de contingencias más remotas, cualesquiera que éstas puedan ser. Nuestro órix nos obligó a caminar algo más de una milla sobre pendientes rocosas, siempre prometiendo pero sin ofrecer nunca una oportunidad adecuada para disparar, hasta que acabó por conducirnos a la falda de una colina donde, de pronto, apareció el rinoceronte. La impresión fue tremenda. Una enorme llanura cubierta de hierba marchita y blanquecina se extendía hasta las suaves colinas quebradas por peñascos. El rinoceronte, una silueta negra como el azabache en medio del llano, se hallaba a unas quinientas yardas de distancia; no parecía en absoluto un animal del siglo XX sino una extraña, siniestra y rezagada criatura de la Edad de Piedra. Estaba paciendo con placidez y, por encima de su cabeza, la enorme cúpula nevada del Kilimanjaro se encumbraba en el claro aire de la mañana completando una escena inalterada desde los albores del mundo.

El procedimiento más sencillo para matar a un rinoceronte en un espacio abierto es de una crueldad muy simple. Se considera recomendable elegir un sitio cercano a un árbol prominente, *donde resulte posible ser localizado*, como centro del enfrentamiento. Si no hay ningún árbol a la vista, debes aproximarte al máximo a la presa desde cualquier punto que no esté expuesto al viento y dispararle directamente a la cabeza o al corazón. Si le aciertas en un punto vital, como sucede a veces, el animal cae abatido. Si le das en cualquier otro punto, cargará contra ti ciego de furia y tendrás que volver a disparar, o no... según sea el caso.

Teniendo en cuenta todo lo anterior, acometimos la lucha contra el rinoceronte. Habíamos avanzado unas doscientas yardas en su dirección, cuando el grito de uno de los nativos nos paralizó. Lanzamos una penetrante mirada a la derecha. Allí, a menos de ciento cincuenta pasos de distancia, a la sombra de unos arbolillos, se encontraban otros dos monstruos. Unos pasos más y, al olfatear en el aire nuestra presencia, se abalanzarían sobre nosotros como rayos: ¡y pensar que podría haber ocurrido cuando ya estuviéramos en tratos con nuestro primer amigo y lo tuviéramos herido y furioso en nuestro poder! Por suerte, alertados a tiempo, en cuestión de minutos rodeamos con sigilo la cima para acabar emergiendo a unos ciento veinte pies de nuestro nuevo objetivo. De inmediato decidimos matar a uno primero, antes de atacar al otro. A esa distancia parece fácil acertarle a un blanco tan grande; el ojo del animal, no obstante, es pequeño. Disparé yo. El ruido sordo de una bala que golpea con el impacto de más de una tonelada, desgarrando piel, músculos y huesos con la tremenda fuerza de la cordita, resonó con toda claridad. El enorme rinoceronte dio un salto, se volvió tambaleándose en la dirección del sonoro estallido y, acto seguido, emprendió un peculiar trote hacia nosotros, casi tan veloz como el galope de un caballo, moviéndose con una agilidad sorprendente en un animal tan grande y guiado por un propósito inequívoco.

Resulta impresionante el efecto psicológico que provoca un adversario así avanzando. De inmediato disparamos todos. La voluminosa bestia continuó aproximándose como si fuese invulnerable, como una máquina o una especie de barcaza impermeable a las balas e insensible al dolor y al miedo. Treinta segundos más y se derrumbará. Un intangible velo parece alzarse en el cerebro, revelando una imagen mental, extrañamente iluminada y a la vez inmóvil, donde los objetos adquieren nuevos valores y una simple mancha de hierba blanca a lo lejos, a cuatro o cinco yardas de distancia, parece poseer un oculto significado. Ése es el preciso instante, cuando aún quedan las dos últimas balas antes de agotar todos los recursos de la civilización, en que se debe disparar. Aun así, dispongo de tiempo suficiente para plantearme, con cierto distanciamiento, que, después de todo, los agresores hemos sido nosotros pues, sin mediar provocación alguna, hemos desencadenado la lucha al atacar a un pacífico herbívoro con intenciones asesinas y que, si existen el bien y el mal en la relación entre los seres humanos y las bestias —¿y quién puede asegurar que no?— la justicia está de su lado. Tengo tiempo para todo eso antes de darme cuenta de que, aturdido y ofuscado por las temibles conclusiones de las modernas armas de fuego, el animal se ha desviado de súbito hacia la derecha para cruzar ante nosotros de costado, con el mismo trote veloz. Más disparos y, mientras estoy recargando el rifle, alguien me anuncia que se ha desplomado; entonces decido apuntar a su compañero, menos voluminoso, que ya se encuentra en medio de la llanura, a cierta distancia. Pero la caza de un rinoceronte en nada difiere de la de otro, salvo en pequeños detalles, por lo que no voy a entretener más al lector con el relato de esta nueva persecución a muerte. Baste decir que tal enfrentamiento, en lo que respecta a los diversos grados de una experiencia neurótica, me parece del todo equiparable a media hora de intensa escaramuza desplegada en una superficie de seiscientas o setecientas yardas; pero con una significativa diferencia: la guerra conlleva una causa, un deber, una cierta esperanza de gloria, ¿pues quién sabe lo que aún se puede conquistar antes del anochecer? Sin embargo aquí, al final, no queda más que una piel, un cuerno o un cadáver que los buitres ya han comenzado a sobrevolar.

II En el Monte Kenia

La ciudad de Nairobi, capital del Protectorado del África Oriental, se halla situada al pie de unas colinas cubiertas de bosques, a trescientas veintisiete millas de la línea de ferrocarril. Concebida en principio como un lugar idóneo para la instalación de los espaciosos almacenes y comercios destinados a la construcción y el mantenimiento del ferrocarril, como zona residencial, en cambio, no disfruta de ninguna ventaja. La población se asienta sobre suelo bajo y pantanoso, disponiendo de escaso abastecimiento de agua y de una situación, en general, bastante insalubre. Una milla más allá, no obstante, sobre terreno más elevado, se habría encontrado una mejor ubicación en una zona que, justo en este momento, empieza a ser parcialmente ocupada por hospitales, cuarteles y edificios públicos. Ya es demasiado tarde para modificar el emplazamiento de la ciudad, por lo que esa carencia total de previsión y de una perspectiva de conjunto imprime una huella permanente en la apariencia del nuevo país.

Nuestro tren atraviesa ahora las llanuras de Athi, quizá más abundantes en animales de caza que ninguna otra parte del trayecto, aproximándose con rapidez a las largas hileras de casas de estaño de una sola planta que constituyen la ciudad. Nairobi es la típica localidad de Sudáfrica. Me refiero a la Pietermaritzburg o la Ladysmith de hace veinte años, antes de que crecieran y se multiplicaran los azules gomíferos y las edificaciones de piedra. En su configuración actual quizá sea más parecida a Bulawayo. Su población también es similar a la sudafricana en cuanto a sus características y proporciones. Allí residen en torno a quinientos ochenta blancos, tres mil cien indios y diez mil quinientos cincuenta nativos africanos. Las tiendas y los negocios, mucho más importantes de lo que inducirían a pensar estas cifras, satisfacen por completo las variadas necesidades de los colonos y hacendados de una vasta zona. En Nairobi se encuentran también los almacenes y la base central del Ferrocarril de Uganda, el cuartel general de una brigada del Batallón de Fusileros Reales y la sede del Gobierno con su numeroso *personnel* oficial. La cena de la Asociación de Colonos a la que me invitaron ofrecía el familiar espectáculo, aunque impresionante en África central, constituido por largas filas de caballeros vestidos de noche; a su vez, en el baile celebrado por el gobernador para conmemorar el cumpleaños del rey, se distinguía un risueño grupo de hombres uniformados que se fundían con los vistosos vestidos de las damas, en un lugar donde los leones cazaban a sus anchas apenas diez años atrás.

Todos los hombres blancos de Nairobi desempeñan funciones políticas y, en su mayor parte, el liderazgo de sus propios partidos. Apenas podría creerse que un centro de tan reciente creación fuese a desarrollar unos intereses tan divergentes y contrapuestos, y que una comunidad tan pequeña pudiera otorgar a cada uno de ellos tan vigorosa, e incluso vehemente, forma de expresión. A pequeña escala se dan todos los elementos implícitos en cualquier drástico desacuerdo político y racial, todos los ingredientes precisos para un acalorado y agresivo debate. El blanco *versus* el negro; el indio *versus* el negro y el blanco; el colono frente al hacendado; la ciudad en contraste con el campo; el estamento oficial contra el que no lo es; la costa y las tierras altas; la compañía de ferrocarril y el Protectorado en general; el Batallón de Fusileros Reales y la Policía del Protectorado; todos estos diferentes puntos de vista, surgidos de forma espontánea, adoptados con honestidad, mantenidos con tesón e incapaces, sin embargo, de reconciliarse en una concepción armónica general, le plantean al viajero un desconcertante galimatías. Pero no sería acertado apresurarse a tomar partido. Parece más prudente intentar descubrir algunos datos sobre el país, en cuanto a su extensión y características, a sus esperanzas y desengaños o a sus realidades e ilusiones antes de intentar formarse una opinión propia, aunque sea provisional.

Desde las laderas que se alzan en torno a Nairobi, en un día despejado, se puede distinguir la cresta nevada del Monte Kenia, a unas cien millas de distancia, con su abrupta y puntiaguda cumbre veteada de un blanco resplandeciente. En esa misma dirección arranca una carretera —transitable incluso por vagones y vehículos de motor aunque está sin asfaltar— que pasa por Fort Hall y cruza el río Tana. A lo largo de su trayecto existen innumerables parajes por descubrir. Una fértil, salvaje y escabrosa región, abombada por sucesivas ondulaciones y escindida en numerosas gargantas que cobijan arroyos sombreados por magníficos árboles, se va desplegando ante los ojos. Esparcidos por extensas heredades de varios millares de acres, se ven algunos asentamientos de colonos que ya están echando raíces y creando su propia forma de vida. Unos se dedican a criar ganado mientras otros cultivan café, una planta que crece en este generoso suelo con tanta exuberancia como para amenazar con su rápida extinción. En cierto punto se divisa una plácida manada de avestruces, ovejas y otros animales al cuidado de un niño nativo de unos once años; más adelante, se revela una perfecta vaquería, admirablemente equipada. En uno de los ríos que cruzamos se acaba de construir un embalse y las turbinas ya están preparadas para iluminar Nairobi con energía eléctrica; en las orillas de otro, se proyecta la construcción de un hotel.

En un lugar de esta zona me tropecé con una honrada familia de Hightown, Manchester, abordando con afán el cultivo de una enorme extensión de diez mil acres. Muy cerca de allí, un viejo bóer, que ha recorrido toda África rehuyendo la bandera británica, está sentado ante su cabaña con aire impasible, reconciliado al fin con el régimen británico, tras la experiencia de haber vivido durante unos meses bajo el paternal gobierno de un protectorado vecino. Posee poco ganado y todavía menos capital en efectivo pero tiene las ideas muy claras sobre el paradero de los leones; allí mismo, además, conserva el sólido carromato de la Gran Trek, un arca donde refugiarse cuando falla todo lo demás. Al parecer, la caza es abundante y pocos los pobladores, aunque las familias no cesan de crecer. En conjunto, se observa una población escasa y heterogénea dedicada a diferentes labores; por doquier aflora exceso de trabajo, escasez de recursos, esperanzas mantenidas por encima de los innumerables contratiempos, corazones valientes y hospitalarios y, en cualquier caso, los albores del progreso.

Me han preparado un campamento en un hermosísimo lugar, en la confluencia de los ríos Chania y Thika. Las tiendas y los refugios de vegetación se alzan sobre una suave pradera. Hacia el sur, a unas cien yardas de distancia, se ve una bella cascada precipitándose sobre enormes peñascos, entre la enredada fronda de altos árboles. El sordo ruido de otra se oye subir desde una profunda garganta situada a una distancia similar en dirección norte; en suma, tal como lo contemplaría el hombre pragmático con el ceño fruncido, se trata de un pintoresco panorama en el que se están desperdiciando cuatro mil caballos de vapor.

Nada preocupa tanto al colono del África Oriental como la posibilidad de no poder proporcionarle a su huésped un felino. La conciencia de tal circunstancia se apodera de su mente hasta convertirse en una verdadera obsesión. Siente cernirse sobre su propia hospitalidad, y la fama de su país de acogida, la amenaza de un profundo reproche. La forma de encontrar un león y matarlo, una vez que se da con él, es el invariable tema de conversación; cualquier lugar o expedición es valorado mediante un único criterio: "hay leones o no los hay". En el campamento de Thika se han reunido ese día varios caballeros expertos en el distinguido deporte de la caza, provistos de ponis, rifles, somalíes y todos los demás accesorios. Han cazado unos cuantos *kongonis* y cebras que, a modo de cebo, han puesto en los lugares idóneos para atraer a los leones; a las cuatro de la tarde, llueva o brille el sol, iremos a buscarlos.

El joven inglés, ya sea funcionario o colono de las tierras altas, ofrece siempre un perfil audaz. Sus prendas son escasas pero elegidas con acierto; un sombrero de sol, una camisa de franela marrón abierta en el pecho y con la manga hasta el codo, un par de finos bombachos caqui cortados a cinco dedos, *como mínimo*, por encima de la rodilla, botas y un par de polainas componen todo su atavío. No llevan nada más. Su piel, constantemente expuesta al sol, los arbustos espinosos y los insectos, acaba volviéndose casi tan oscura como la de los nativos y tan curtida que le permite pasar un día entero cabalgando sin molestias con las rodillas desnudas contra la silla, una disciplina verdaderamente espartana de la que el visitante, al menos, queda eximido.

También tiene su propia forma de cazar. Primero hay que encontrar al león, ya sea tentándolo con despojos de una presa, haciéndolo salir de un cañaveral o armando un desaforado alboroto a lo largo del camino. Una vez localizado, no se lo debe perder de vista ni por un instante. Montados en ponis de una fidelidad más o menos probada, tres o cuatro valientes britanos o somalíes lo persiguen a galope, al estilo indio de acoso al jabalí —es decir, el cuello o nada—, sobre rocas, hoyos, montículos y riachuelos, a través de exuberante hierba, arbustos espinosos y maleza, azuzándolo sin tregua o permitiéndole pastar mientras lo conducen de un lado a otro hasta conseguir acorralarlo. El león, por su parte, no es camorrista sino que incluso se lo acostumbra describir con tintes de desprecio. Su único objetivo, en todo momento, consiste en salvar el pellejo. Si te tropiezas de repente con seis o siete leones, y vas desarmado, todo lo que debes hacer —según mis conocimientos— consiste en hablarles con firmeza, a la vez que los aguijoneas arrojándoles unas piedras, y desaparecerán enseguida. Eso es lo que recomiendan las sumas autoridades en el tema.

Pero al sentirse perseguido de un lado a otro, acosado desde múltiples ángulos por jinetes que giran a su alrededor, el carácter del león, dócil por naturaleza, se vuelve agrio. Comienza por rugir y bramar a sus enemigos, con la intención de aterrorizarlos y lograr que lo dejen en paz. A continuación, les lanza cortas embestidas. Finalmente, cuando todos esos pacíficos intentos de persuasión fracasan, se detiene de pronto para presentar batalla. Una vez hecho esto, ya no volverá a huir. Está dispuesto a luchar, y a luchar a muerte. Va a jugarse el todo por el todo. Y cuando un león agoniza enloquecido por una herida de bala, trastornado tras la larga y dura persecución, y más aún una hembra en defensa de sus crías, se siente tan comprometido en su lucha que la muerte es el único desenlace posible. Las patas rotas, las mandíbulas quebradas, el cuerpo lacerado de extremo a extremo, los pulmones perforados una y otra vez o las entrañas desgarradas asomándole, nada de eso lo detiene. Para él sólo existe la muerte, inmediata y absoluta; pero si consigue derribar al hombre, lo descuartizará con sus ponzoñosas garras y fétidos colmillos hasta hacerlo pedazos, masticándolo luego para infectarlo y cerciorarse así de su aniquilamiento. Tales son las costumbres de ese cobarde y malvado animal.

Es en el momento en que el león ha sido definitivamente "acorralado", cuando se introduce en escena el aficionado de Londres. Es de suponer que ha seguido a los jinetes a la máxima velocidad que le hayan permitido los desniveles del terreno, su propia falta de entrenamiento y el lastre de un pesado rifle. Llega al lugar donde está acorralada la presa con el ademán de un torero entrando en la plaza, mientras los demás permanecen a un lado en actitud respetuosa, preparados para espantar a la fiera o ayudarle. Si con su bala abate al animal, sentirá sin duda un merecido orgullo. Si sólo lo hiere, el felino embestirá contra el jinete más cercano. Hasta un alcance de unas cuarenta yardas, el ataque de un león es más veloz que el galope de un caballo de carreras. Así pues, los jinetes no suelen apostarse dentro de ese radio. Pero en ocasiones lo hacen; en otras el animal identifica al hombre que le ha disparado o, tal vez, se presente cualquier imprevisto que acabará convirtiendo la cacería en una historia interesante… a posteriori.

Tras esta descripción general no es necesario ofrecer ningún ejemplo concreto, por lo que el lector no debe sentirse defraudado al enterarse de que nuestro león parece haber eludido lo que habría significado una muerte segura, a consecuencia de la rotura de una pata, en la concatenación habitual de las circunstancias. De hecho, no lo encontramos en el lugar donde estaba colocado el cebo. Una asquerosa hiena le había usurpado el puesto y tuvimos que pasar dos horas peinando a fondo más de tres millas de cañaverales, antes de volver a localizarlo; parecía un espléndido gato amarillo, tan corpulento como un toro, escabulléndose ladera arriba por la colina de enfrente. Nuestros jinetes salieron volando como halcones pero ¡qué lástima! —si "qué lástima" es la expresión más apropiada—, un profundo e impasible arroyo nos cortó el paso, imponiéndonos amplios rodeos y largas demoras; de modo que el león desapareció de nuestro campo de visión obligándonos de nuevo a emprender la lenta y tediosa búsqueda de su rastro, pisada a pisada y hora tras hora, a través de la ondulante hierba, tan alta como nosotros, siempre animados por la esperanza de encontrar sus huellas y siempre... ¡decepcionados!

Por la tarde tuve que desplazarme a caballo a Fort Hall, donde iba a celebrarse un encuentro entre jefes, millares de guerreros y mujeres del pueblo *kikuyu**. El paisaje era muy similar al que habíamos atravesado el día anterior pero más verde, suave y agradable a la vista. Fort Hall no es un fuerte en sentido militar sino la residencia del comisario, que está rodeada por un foso y dispone de cárcel, bazar indio y unas cuantas casas. Su emplazamiento deja mucho que desear pues se halla encaramada a una insalubre colina y, al mismo tiempo, queda fuera del alcance del ferrocarril. Los nativos, preparados ya para ejecutar la danza de guerra, pululaban por todas partes luciendo su desnudez, profusamente adornada para la ocasión.

La ceremonia se llevó a cabo a la mañana siguiente. Mucho antes del amanecer, un intenso redoble de tambores y resonar de cuernos, acompañado por el ritmo de ruidosos aunque no desafinados cánticos, despertó hasta al dormilón más extenuado. Cuando comenzó la *indaba**, a las ocho de la mañana, todo el terreno situado delante del fuerte estaba abarrotado de individuos desnudos, pintados y cubiertos de plumas, que se movían sin cesar de un lado a otro, separándose de tanto en tanto para dejar paso a los jefes y a sus cortejos o a los toros y ovejas que, traídos como regalo, avanzaban apenas entre forcejeos. Ataviados con vestimentas de guerra, los miembros de la comunidad kikuyu, y aún más los guerreros masais, resultan muy llamativos, si

* *Kikuyu:* pueblo de origen bantú que constituye la tribu más numerosa e influyente de Kenia.
* *Indaba:* conferencia celebrada por los aborígenes de Sudáfrica.

no impresionantes. Llevan el cuerpo y el cabello untados con la tierra roja de su territorio natal, con la que elaboran un pigmento a base de mezclarla con el pringoso jugo de la planta de ricino, muy abundante en esta zona. Para completar su grotesca e indecorosa imagen, se adornan con fantásticos tocados hechos con plumas de avestruz y objetos metálicos o de cuero, brazaletes y ajorcas de hilos de metal, rayas blancas de arcilla trazadas sobre el pigmento rojo, algún que otro viejo sombrero de caza o cualquier prenda europea que lucen en extraño contraste con pieles de leopardo y astas de toro, anchos escudos de piel de vaca pintados y lanzas de casi cuatro pies de largo con suaves filos de hierro. Y aun así, estas vigorosas figuras —semejantes a estatuas de bronce si no fuera por los perifollos— traslucen una acicalada elegancia que desbarata todos sus esfuerzos por infundir terror. Los jefes, sin embargo, conseguirían hacerse pasar por tipos normales; una vieja y desarrapada chaqueta caqui o unos andrajosos pantalones, un descolorido jirón de uniforme, un paraguas raído o un abollado casco tropical con un penacho puesto en la punta sin gracia, cualquier cosa los induce a desechar la pluma de avestruz y la capa de piel de leopardo. En medio de sus guerreros, ataviados con las vestimentas tradicionales, ofrecen una ridícula e insignificante estampa, como si pertenecieran a la clases más bajas en lugar de ser los líderes hereditarios de una imponente y numerosa tribu.

Ese gusto que muestra el negro del África Oriental por los atavíos de la civilización conlleva, desde luego, grandes ventajas. En ningún otro aspecto resulta tan útil e inocente excitar sus deseos y multiplicar al máximo sus necesidades. Precisamente a través de este proceso de asimilación, su vida se irá volviendo más compleja y variada, menos brutal y salvaje, hasta que él mismo acabe por alcanzar un mayor grado de rentabilidad económica. Mientras no llegue ese momento, valdría la pena organizar y dirigir esta nueva fuerza motriz dentro de unos sutiles y apropiados límites. Aunque la injerencia en el campo de la moda entrañe un riesgo para cualquier gobierno, si un verdadero abismo de ciencia y conocimiento separa a los gobernantes de los gobernados y la autoridad se ejerce sobre una raza primitiva inmersa en la miseria de la barbarie y carente de ropas, moral y religión pero deseosa de salir adelante y capaz de hacerlo, está justificado asumir ese riesgo; por tanto, no cabe duda de que el Gobierno podría recomendar u ofrecer a los jefes vestiduras especiales para las ceremonias hasta llegar a imponer poco a poco, y aun a forzar más adelante, la adopción de su uso por parte del conjunto de la población.

Habíamos acordado que, después de la ceremonia, yo me acercaría a las orillas del río Tana para contemplar una hermosa vista del Monte Kenia y luego, antes del anochecer, regresaría al campamento de Thika. Pero cuando el espléndido paisaje que se extiende más allá del Tana se descubrió ante mi vista, no pude soportar la idea de quedarme a tan corta distancia de la tierra prometida y, mostrando un absoluto desprecio por asuntos materiales como la comida o el equipaje, decidí seguir galopando hasta Embo, que dista veintiocho millas de Fort Hall y constituye nuestro puesto más avanzado en esa dirección. Cruzamos el Tana en un trasbordador que avanza siguiendo la trayectoria de una cuerda, impulsado por la corriente, mientras los ponis atravesaban a nado las sesenta yardas de turbulentas aguas rojas del profundo y caudaloso río. En la otra orilla se descubre un paisaje realmente magnífico, tanto por sus características como por su configuración. En el centro de la imagen destaca siempre el Monte Kenia, aunque ninguna otra montaña podría haber sacado menos partido de su altura pues, al elevarse de forma paulatina por medio de largas y moderadas pendientes, en lugar de un mero pico, parece que el terreno se hubiera ido abombando a partir de una inmensa meseta, trazando una subida tan suave que, a no ser por el súbito afloramiento del peñasco nevado que corona su cima, nadie le calcularía dieciocho mil pies de altura. Es precisamente su gradual elevación lo que le concede tanto valor a esta noble montaña. En torno a su inmensa base y en sus laderas, atravesadas por cientos de riachuelos de perenne agua clara, se cultiva en cinturones concéntricos y sucesivos, o se puede cultivar, toda suerte de plantas y árboles procedentes de cualquier parte del mundo, desde el Ecuador hasta el Círculo Ártico. El escenario es soberbio. En cuanto a pureza del aire, fertilidad, verdor, belleza y abundancia de ríos, a su rico suelo rojo o a la variedad de su vegetación, el paisaje del Kenia sobrepasa con mucho a cualquiera de los que yo haya visto en la India o en Sudáfrica y puede ser comparado al de los países más bellos de Europa. De hecho, al contemplarlo bajo la luz de mi reciente viaje a Italia, me asaltó un vívido recuerdo de los valles altos del Po.

Cabalgamos durante todo el día por ese delicioso territorio siguiendo una bien cuidada carretera local, de firme tan suave que, salvo en los tramos formados por primitivos puentes que cruzaban una corriente tras otra, podría recorrerse en bicicleta. Por todas partes se veían fértiles campos donde prosperaban las cosechas cultivadas por una diligente y numerosa población. Hace tan sólo un año que una pequeña expedición militar estableció, no sin derramamiento de sangre, un control permanente más allá del Tana. Sin embargo, ahora que se ha puesto fin a las guerras intertribales, las tribus se muestran tan pacíficas que los oficiales blancos cabalgan con total libertad por cualquier poblado sin necesidad de llevar ni siquiera una pistola. Todos los nativos que nos cruzamos por el camino, armados siempre de lanza y espada, nos dirigieron los saludos habituales pero, además, muchos de ellos se me acercaban con una sonrisa tendiéndome sus húmedas, largas y delicadas manos para que se las estrechase, hasta que ya no pude seguir soportándolo. De hecho, el único peligro lo constituyen los búfalos que infestan el país y, después del anochecer, se transforman en una auténtica amenaza para los viajeros. Precisamente por eso, y también porque no habíamos comido sino un plátano por cabeza desde primera hora de la mañana, nos sentimos encantados cuando por fin, justo cuando se estaba poniendo el sol, divisamos los edificios de Embo en la cumbre de la siguiente colina.

Embo es un reciente asentamiento modelo que no tiene más de cinco meses. Está integrado por unos cuantos edificios: la pequeña casa de tres habitaciones del comisario del Distrito, la del mando militar, la oficina y una diminuta cárcel, todas ellas revestidas de piedra, dos tiendas indias de hierro acanalado y siete u ocho largas hileras de barracas donde se alojan ciento cincuenta soldados y policías. Desde este centro de autoridad tan alejado del telégrafo, dos jóvenes gobernadores blancos —uno civil y otro militar— controlan la paz y el orden de un área tan grande como un condado inglés, regulando así la conducta y el destino de unos setenta y cinco mil nativos que nunca antes han conocido ni asimilado ninguna otra ley superior a la violencia y el terror. Se quedaron muy sorprendidos al ver a cuatro jinetes cabalgando por el serpenteante camino hacia su morada, pero su asombro no fue en detrimento de su hospitalidad y pronto nos recompensaron con creces del viaje y del ayuno.

Tuve el tiempo justo de dar una vuelta por el poblado antes de que la oscuridad inundara la tierra desdibujando la imponente montaña y su guirnalda de nubes festoneada de abetos. La cárcel se materializaba en una sola habitación repleta de barras y cerrojos. En su interior no había ningún prisionero. Cuando pregunté dónde estaban, me indicaron dos pequeños grupos de hombres que permanecían sentados junto a unas hogueras al aire libre. Se hallaban sujetos unos a otros por una ligera cadena corrediza y, tras un agotador día de trabajos diversos en el asentamiento, charlaban con placidez mientras preparaban y comían la cena; la prisión servía de refugio sólo por la noche. La brutalidad de este método no plantea ninguna duda, pero ¿es más bárbaro que la horrible y prolongada disciplina de un establecimiento inglés para convictos?

Los protectorados africanos, actualmente administrados por la Oficina Colonial, constituyen un campo excepcional donde los jóvenes inteligentes y emprendedores pueden desarrollar sus dotes. No es raro que un hombre de veinticinco años se halle al mando de una vasta superficie de terreno y de sus numerosos habitantes. El Gobierno, demasiado reciente, todavía no ha podido establecer un mecanismo de control y jerarquía tan centralizado y coherente —a veces tal vez demasiado— como el del sistema indio. Su carencia de fondos, por otra parte, no le permite asumir la plena administración. El comisario de distrito debe ejercer de juez pero, luego, será juzgado, a su vez, por sus acciones. A menudo —pues las enfermedades tropicales causan numerosas bajas y los hombres deben volver a Inglaterra de vez en cuando para recuperar la salud— la persona que desempeña el cargo no es el comisario mismo sino un ayudante que actúa en su nombre, o en el de otro, durante más de un año en algunas ocasiones. Día tras día ha de enfrentarse a todos los problemas, disputas e intrigas que le plantean los nativos del distrito, cuya creciente apreciación de la ecuánime justicia del tribunal los conduce, cada vez más, a presentar todo tipo de reclamaciones ante el juzgado del comisario. Si se sienten enfermos a él acuden para pedir medicinas. Cuando resultan heridos en una pelea, también recurren al blanco para que se encargue de curarlos. Enfermedades y accidentes han de ser tratados sin experiencia profesional previa, los tribunales de justicia y otras manifestaciones de la legalidad deben funcionar sin letrados y los impuestos tienen que ser recaudados a base de influencia personal. Una mínima demostración de fuerza debe bastar para mantener la paz.

Todas estas grandes oportunidades de acceder a altos cargos y otras muchas, se presentan a diario a hombres menores de treinta años que, en general, son capaces de extraerles admirables resultados. Me impresionaron mucho tanto la comprensión y afabilidad con la que los funcionarios del Protectorado del África Oriental hablan de su labor, como el hecho de que se erijan en guardianes de los derechos e intereses del pueblo frente a quienes pretenden explotar el país y a su gente. Es imposible viajar por estas tierras del pueblo *kikuyu*, aunque sólo sea durante unos días, sin sentir simpatía hacia estas alegres criaturas, dóciles pese a su embrutecimiento, y sin reconocerles una capacidad de aprendizaje tal que les permitiría superar su actual estado de degradación sin ninguna dificultad. Solamente en el África Oriental viven más de cuatro millones de aborígenes. La obligación de protegerlos supone una seria, y creo que inalienable, responsabilidad para el Gobierno británico. Será un aciago día para estos pueblos aquél en que su destino, tras serle arrebatado a la augusta y ecuánime administración de la Corona Británica, se halle a merced de los feroces intereses privados de una minoritaria comunidad blanca. Tal acontecimiento parece, sin duda, muy remoto. Sin embargo, el especulador, el hacendado y el colono ya están aguardando su oportunidad. Todavía se deberían emprender numerosas actuaciones positivas, y legítimamente provechosas, a nivel ético, racional y científico. Pero, si acaso el Gobierno no pudiera permitirse invertir dinero en el desarrollo natural de la potencia económica del país, creando industrias y medios de transporte, ¿puede alegar alguna justificación para bloquearle el campo a la empresa privada? ¿Puede impedir la entrada de más población blanca? ¿Debería hacerlo, y por cuánto tiempo? ¿Qué va a suceder cuando haya treinta mil blancos en el África Oriental, en vez de esos tres mil que ya producen tanto revuelo en la actualidad? Quizás el transcurso de estos capítulos nos vuelva a plantear los mismos interrogantes más adelante. Dudo mucho, sin embargo, que pueda también proporcionarnos las respuestas.

Esa tarde mantenemos una discusión sobre un tema mucho más asequible. El Tribunal Supremo del Protectorado le ha ordenado al comisario del Distrito de Embo revisar un caso criminal, sentenciado por él mismo unos años atrás, a causa de un fallo en el informe del proceso que ha llamado la atención de una autoridad superior. Se pone de relieve que ni el acusado ni sus congéneres comprenden, ni tienen capacidad para ello, el significado de esta revisión del juicio; que se sienten desconcertados; que su confianza en ese comisario en particular puede debilitarse; que un sinfín de dificultades prácticas —como que la mayoría de los testigos se encuentra diseminada por aldeas distantes o la inquietud que suscita una segunda citación por parte de ese extraño y misterioso poder llamado "Gobierno"— vendrán desencadenadas por un error que sólo un abogado sería capaz de detectar y que, además, no se refleja sino en un trozo de papel. Curiosamente, un joven funcionario que ha venido cabalgando con nosotros comenta: «Alguien ha olvidado escribir "¡Bo!" en el lugar oportuno». Al preguntar por el significado de ese vocablo descubro que se trata de algo esencial. En el informe del juicio no se mencionó que el acusado había tenido la oportunidad de interrogar a los testigos de la acusación. Por lo tanto, ese juicio, que de hecho ya tuvo lugar, se declarará nulo y tendrá que volver a celebrarse.

De nuevo nos tropezarnos aquí con algunas desventajas como contrapartida; pero sin analizar a fondo si una simple absolución habría sido mejor que un nuevo juicio, me decanto sin dudarlo por la defensa del "¡Bo!" No creo que exista un tema tan esencial en el gobierno de los hombres como la exacta —y yo diría incluso puntillosa— observancia de los procedimientos ordinarios destinados a establecer la inocencia o culpabilidad del acusado. Se trata de fórmulas especialmente concebidas para proteger al prisionero, no sólo de las consecuencias de olvidos involuntarios por parte de los jueces, sino también de la negligencia sistemática o de cualquier forma de opresión posible; si una vez establecidas estas normas carecen de coherencia, todo el civilizado sistema de jurisprudencia empieza a desmoronarse y en su lugar se instituye una práctica improvisada que, en cuanto a su eficacia y justicia, depende por completo del talante y de la inteligencia de la persona que la administra. Aun siendo preciso encomendar al arbitrio personal el control de las razas indígenas de más bajo nivel, no es menos necesario asignar límites muy precisos a su autoridad y, sobre todo, confiar los derechos más básicos y fundamentales del acusado a lo que en nuestro país se suele denominar un "juicio justo", más allá de la jurisdicción de un individuo determinado. En la práctica, la existencia de una autoridad superior al propio mandatario no entraña una degradación de su imagen ante los nativos. Los miembros de la tribu, creyendo que su gobernante —para ellos el todopoderoso señor de los soldados y los policías, del castigo y la recompensa— obedece, a su vez, las órdenes de una fuerza remota, se cuestionan la naturaleza de ésta y, llenos de estupor, se maravillan ante su inmensidad. La sugerencia de infinitos ámbitos de poder situados más allá y por encima del inmediato administrador, por muy influyente que éste sea, no reduce su autoridad sino que la realza. Pero no parece imprescindible que todo el mundo sostenga una única opinión sobre este tema, como sobre muchos otros, y ni siquiera los letrados actúan siempre con ecuanimidad.

A la mañana siguiente regresamos a caballo pasando por una aldea swahili, ese pueblo mahometano que ha penetrado tierra adentro hasta establecerse en todas las zonas del África Oriental. Armados con una religión muy desarrollada, y fortalecidos por la raza árabe, se mantienen sin dificultad en unas condiciones de vida muy superiores a las de los aborígenes paganos entre los que viven. Su idioma se ha convertido en una especie de *lingua franca* en toda esta parte del mundo. Como comerciantes, siempre son bien recibidos; como guerreros, respetados y, como hechiceros, temidos entre todas las tribus. Su kan nos había agasajado con bananas el día anterior deshaciéndose en un sinfín de disculpas porque, al habernos presentado sin previo aviso, no había podido convidarnos a "comida europea". Al otro día nos lo compensó con creces. Los hombres de la aldea, hasta un número de cincuenta, se acercaron a saludarnos en actitud serena, luciendo largos y blancos guardapolvos que ofrecían un extraño contraste con la coloreada desnudez de los bárbaros allí reunidos. El kan apareció con un semental árabe blanco de competición, aunque de carácter violento, para remplazar a mi fatigado poni; enseguida, nos invitó a té y a la típica caja de galletas variadas, traída por mensajeros la noche anterior para que su sentido de la hospitalidad no pudiera ser objeto de ningún reproche.

Mientras estábamos comiendo y platicando con el kan, vimos llegar a un jefe kikuyu que, provisto de silla de manos, quitasol, casco caqui y otras insignias, venía cabalgando en medio de un séquito de cien guerreros engalanados de plumas. Al instante, como muestra de respeto, se pusieron a ejecutar una danza de guerra y cuando nos marchamos, un cuarto de hora más tarde, todavía seguían brincando y dando vueltas por todos lados sin dejar de agitar lanzas y plumas al ritmo de su monótono cántico; en cambio, los swahilis, vestidos de blanco y manteniendo una actitud digna, se despidieron de nosotros con los refinados modales de los pueblos de Oriente. Reflexioné sobre los siglos de lucha que ha costado el progreso y sobre la tremenda diferencia que existe entre estas dos sociedades, preguntándome si el abismo que las separa de la Europa moderna no sería todavía más ancho y profundo; al final no conseguí llegar a ninguna conclusión concreta.

Nuestro viaje a Embo me había resultado tan delicioso como para no lamentar haber descartado otras alternativas. Pero, ya al atardecer, cuando llegamos al campamento de Thika, agotados tras cincuenta millas de camino, la primera imagen que me saltó a la vista fue una *piel* de león, desplegada en el suelo, que el coronel Wilson estaba espolvoreando con arsénico. Entonces nos lo contaron todo. El león había aparecido de pronto en un cañaveral, corriendo en línea oblicua entre la hilera de bateadores y, nada más sonar el disparo de Wilson, se había vuelto a internar en la vegetación, de donde en vano habían intentado sacarlo por medio de piedras, tiros, gritos y toda clase de acicates. Al cabo de unas dos horas, impulsados por la impaciencia y la osadía, habían decidido marchar codo con codo en su búsqueda y, por suerte, finalmente lo habían encontrado muerto.

Mis compañeros trataron de consolarme diciéndome que, al parecer, había leones en algún paraje cercano; según ellos, por la mañana podríamos localizarlos sin dificultad. Al día siguiente, tras haber cruzado tres millas de cañaverales, nos pareció que sus esperanzas estaban fundadas pues, al vislumbrar un animal de gran tamaño deslizándose de un lado a otro a toda velocidad, todos lo tomamos por un león. Al final, cuando ya sólo quedaba por batir una mata de cañas, nos apostamos a unas sesenta yardas del extremo del cañaveral, con el dedo en el gatillo, mientras los bateadores, en medio de un pasmoso tumulto de chillidos y repiqueteo de latas, se zambullían entre las cañas con audacia. *Partiriunt montes*: dos enormes suidos africanos surgieron de la espesura. No seríamos justos si le reprochásemos al jabalí su valor. Los dos grandes y fieros animales, expulsados de su último refugio, tras una valiente embestida —con los colmillos resplandecientes y la cola en alto— alcanzaron un destino digno de reyes. Con ellos dos y un tercero que, tras una persecución a galope, matamos de un tiro en el camino de vuelta tuve que darme por contento; ahora ya puedo tomar prestadas las expresivas palabras de Reuter para, en lo que a mí respecta, escribir con tristeza: «No cayó "abatido" ningún león».

III Las tierras altas del África Oriental

El color de la piel parece ser ya el tema dominante en Nairobi. «Queremos hacer del África Oriental un territorio de blancos», gritan con estridencia los miembros de la Asociación de Colonos a la mínima oportunidad. Una política verdaderamente respetable e impactante pero que, a primera vista, representa una tarea difícil de llevar a cabo en una zona donde, por el momento, hay menos de dos mil quinientos blancos y más de cuatro millones de aborígenes negros. ¿Puede el África Oriental convertirse algún día en la patria del hombre blanco? ¿Pueden las tierras altas, aun disfrutando de un moderado clima que cuenta con frescas y vigorosas brisas, llegar a ser un territorio de blancos? Nunca, sin duda, en el sentido en que Canadá o, por supuesto, el Reino Unido lo son; es decir, lugares habitados en su totalidad por población blanca que proporciona la mano de obra no cualificada imprescindible para el desarrollo económico.

Ni siquiera vale la pena imaginar las tierras altas del África Oriental desprovistas de sus habitantes originales y ocupadas sólo por europeos. Tal idea es absolutamente inconcebible. Cualquiera que sea el crecimiento de la población blanca en el futuro, se puede decir sin lugar a dudas que será contrarrestado con creces por la multiplicación de los nativos, siempre y cuando puedan ser protegidos de la guerra civil y del hambre. Pero aunque fuese posible esa hipotética situación, es lo último que debieran desear quienes claman por un "un país de blancos". Se debe tener en cuenta que los prejuicios e intereses de los colonos y comerciantes europeos no guardan relación con el aborigen. Al africano se le reconoce el derecho a permanecer en su propio territorio. Todavía no ha surgido, ni es probable que surja, una verdadera competencia económica entre él y los recién llegados colonos. Sus respectivas esferas de actividad están totalmente separadas, pues el blanco, que no se ha exiliado de su propio país para desempeñar arduas y duras faenas, se niega en redondo a realizar el trabajo del negro; éste, por el contrario, en su actual estado de desarrollo, no podría remplazar al hombre blanco en los empleos cualificados ni en el control y la organización de la industria, ni siquiera aunque lo pretendiese, y nada más lejos de sus ambiciones.

El verdadero rival es el hombre de tez morena. El europeo no tiene la intención, ni tampoco la posibilidad, de recurrir a un proletariado blanco en los países del África Oriental. Desde su punto de vista los negros sólo pueden ser soldados rasos, mientras que los oficiales y suboficiales del ejército deberían ser blancos. Esta idea no debe ser descalificada como una mera afirmación de arrogancia racial sino que representa una situación compleja. Cualquier comunidad sufre ya una grave desventaja, fuente de innumerables peligros y complicaciones, cuando se ve obligada a depender de trabajadores pertenecientes a una raza inferior. ¿Pero qué pasaría en el caso contrario? Para hacer posible la existencia de una sociedad blanca, asentada en el mismo lugar año tras año y disfrutando del tren de vida y comodidades al que aspiran los europeos y que por lo general alcanzan, en esta fase intermedia del sistema económico sería necesario suministrarle los medios más apropiados —ya sea como profesionales, hacendados, comerciantes, traficantes, agricultores, supervisores, contratistas, constructores, ingenieros, contables o empleados— con los que ganarse su propio sustento y el de sus familias. Pero es aquí donde aparece el asiático. En cualquiera de los puestos mencionados, gracias a su capacidad de subsistencia con pocos chelines al mes, su sentido de la economía y laboriosidad y su perspicacia para hacer negocios, siempre termina por acceder al poder económico y, si éste va a ser el criterio decisivo —aunque no lo haya sido hasta ahora y quizás nunca lo llegue a ser en la historia de la humanidad—, no existe un solo empleo de clase media en que no pueda suplantar al blanco, en gran medida, con la misma seguridad y falta de escrúpulos con la que la rata parda erradicó a la negra del suelo británico.

¿Entonces qué nos queda? ¿Qué tipo de organización social vamos a crear con tantos conocimientos y mano de obra en estas nuevas tierras de la Corona Británica? De hecho no existe clase obrera blanca y las capas medias tampoco llegarán a existir nunca. Sólo se deja espacio para el capitalista *puro y duro*, si se me permite describirlo así. Un vasto ejército de obreros africanos bajo el mando de instruidos indios o chinos y dirigido por unos pocos individuos de diversas nacionalidades encargados de las inversiones del capital cosmopolita; he aquí la pesadilla que obsesiona a la población blanca de Sudáfrica, una idea que ya se está propagando a toda velocidad entre sus congéneres del África Oriental.

Aun así, debemos escuchar a la parte contraria. ¿Sobre qué base se sostiene la aspiración del indio británico a colonizar estas tierras? Sus derechos como seres humanos y como súbditos británicos, están garantizados en la misma medida. Fue el soldado sij el que desempeñó un intachable papel en la conquista y pacificación de estos países. Hasta ahora ha sido el comerciante indio, al penetrar y establecerse en lugares a los que no acudiría ningún blanco y donde, por otro lado, tampoco sería capaz de ganarse la vida, quien ha impulsado el despliegue del comercio hasta abrir los primeros y esenciales medios de transporte. Fue la mano de obra india la que construyó el indispensable ferrocarril del que depende todo lo demás. Ha sido al banquero indio, que posiblemente aporta la mayor parte del capital disponible para invertir en negocios y empresas, a quien los colonos blancos no han dudado en pedir ayuda financiera. El indio ya estaba aquí mucho antes de que llegara el primer funcionario británico. Con razón puede presumir del importante trabajo, en la costa o en el interior, realizado por sus ancestros, que llevan residiendo aquí tantos años como los de los colonos blancos, especialmente si nos referimos a sus enemigos más alborotadores, los últimos contingentes llegados de Sudáfrica. ¿Es posible, para cualquier gobierno que muestre un mínimo respeto por la honradez del comercio, embarcarse en una política que desplace deliberadamente al indio de regiones en las que se ha establecido con todas las garantías de legalidad? Pero debemos preguntarnos, sobre todo, si tal política es factible para una administración que ejerce su poder sobre los trescientos millones de habitantes del Imperio de la India.

Nos hallamos en presencia de uno de esos conflictos de intereses, insalvable al parecer, que desconcierta y desanima a todas las partes implicadas en su conciliación. En realidad, se trata de cuestiones que no se circunscriben a Sudáfrica o al África Oriental, sino que todos estos problemas recién surgidos irán aumentando en importancia y gravedad con el transcurso de la historia del Imperio Británico ya que aparecen en un campo casi inexplorado, conocido solamente en cuanto a los prejuicios que deforman la perspectiva y frustran la acción. La llegada del asiático como obrero, comerciante o capitalista que entra en competencia a nivel empresarial no sólo *con*, sino también *en* Occidente, constituye un nuevo evento de capital importancia. El establecimiento de la paz y el orden en estas tierras y la implantación de los actuales medios de transporte, veloces, eficaces y baratos, junto con la creciente interdependencia de todas las sociedades entre sí, le han dado alas a la ambición comercial del asiático y han vuelto su mano de obra tan fluida como nunca lo había sido desde los orígenes de la sociedad.

A menos que estos nuevos elementos de la actividad económica puedan ser controlados y asimilados de una forma armónica con ayuda de la ciencia, tanto la vida del asiático como la del europeo a quien desplaza se verán amenazadas por nuevos y graves peligros. Por un lado, es posible imaginar la explotación de inmensas masas de trabajadores asiáticos en condiciones malsanas, lo que conllevaría la degradación y el sufrimiento del empleado junto con un perjuicio moral para el empresario; por otro, el hundimiento del nivel de vida alcanzado por los europeos tras una larga y obstinada lucha. A estos problemas se sumaría una previsible confusión de razas, modales y valores de tal calibre que, al propagarse en gran escala, terminaría por conducir a la desintegración del orden social establecido. Y a lo lejos, aunque cada vez más próximos, resuenan los violentos llamamientos, proclamados por multitudes y hasta por imperios, para que sea la fuerza bruta la que decida la brutal cuestión de cuál de los dos conjuntos de intereses debe prevalecer. No es fácil medir el grado de inestabilidad política que añadiría a las relaciones internacionales el simple hecho de que los súbditos de un estado con gran poder militar y naval puedan encontrarse continuamente expuestos a la violencia declarada y a la legislación penal; a nivel privado, tampoco parece muy recomendable que se invite al colono blanco a colaborar en su propia extinción en virtud de unas leyes que él mismo controla, frente a un competidor a quien, en su opinión, podría derribar de un manotazo.

Sin embargo, el asiático, y esto también es aplicable al africano, tiene infinitos servicios que ofrecer, y energías con las que contribuir, al progreso y bienestar del mundo. Existen vastas tierras cuyas promesas jamás se verán cumplidas e innumerables cosechas que nunca podrían ser cultivadas sin contar con su activa colaboración; carreteras, ferrocarriles y embalses que solamente él puede construir y minas y bosques que permanecerán inertes para siempre sin su aportación. El vigoroso continente del África tropical continúa abierto a la potencia colonizadora y administrativa de los pueblos de Oriente. Todos esos nuevos productos que la industria moderna demanda con insistencia, se ofrecerán con ilimitada abundancia a Occidente, siempre y cuando lleguemos a resolver el enigma de la Esfinge en su más reciente formulación.

Después de todo, ¿estará fuera de nuestro alcance proporcionar una respuesta, si no perfecta, al menos práctica? No debiera suponer una dificultad insuperable, contando con los actuales conocimientos sobre organización social, asignar diferentes esferas a la actividad física de cada raza. Las grandes potencias han dividido África en el aspecto territorial, ¿acaso sobrepasa la capacidad del cerebro humano clasificarla según criterios económicos? Para crear un estado justo se precisa la colaboración de diferentes clases de hombres. ¿Sería imposible regular por completo cada intrincado pormenor de las condiciones bajo las que se realizase esa cooperación? En determinado lugar el hombre blanco puede vivir y prosperar; en otro, no. Aquí surge una tarea para uno; allí, la oportunidad para otro. El mundo es suficientemente grande. Estoy escribiendo mientras la corriente del Nilo me conduce a través de los vastos y hermosos territorios, fértiles pero despoblados, que se extienden al norte del lago Alberto. Existe abundante espacio para todos. ¿Por qué no podemos colonizarlo de una forma justa?

Debe tenerse en cuenta que, desde el punto de vista del Imperio, el tema de la inmigración asiática presenta varios aspectos bien diferenciados. En primer lugar, existen colonias que se basan en el trabajo del proletariado blanco y cuyos habitantes, ricos y pobres, empresarios o trabajadores, son todos europeos. No se puede negar el derecho de esas naciones a prohibir la entrada en su territorio de un gran flujo de asiáticos para protegerse del caos racial y del trastorno económico inherentes a tal inmigración, aunque su ejercicio, sin duda, siempre debiera estar gobernado por la prudencia y consideraciones de otro tipo. Pero estos países se diferencian netamente de aquellos otros donde la mayoría de la población no es blanca sino negra. No obstante, existen colonias, dirigidas por gobiernos responsables, donde el número de habitantes blancos de clase media sobrepasa con mucho al de la comunidad asiática. Es obvio que estas últimas se encuentran en una situación muy distinta a la de lugares como los Protectorados tropicales del África Oriental y Occidental.

Sin duda podría afirmarse que la mera prohibición por parte de varias colonias sudafricanas y australianas de la entrada masiva de indios británicos en sus respectivos territorios, sin juzgar la sensatez y justicia de esta medida, hace aún más conveniente que el gobierno del Imperio ofrezca en sus protectorados tropicales campo y mercado a las iniciativas colonizadoras y organizativas del Indostán. Además, como ya he dicho con anterioridad, estos países disponen de suficiente espacio para todos. La decisión de conceder a los blancos, como una cuestión práctica, la mayor parte de las tierras altas, la única zona que además de un hogar y un porvenir les ofrece unas aceptables condiciones de vida, no debiera plantear ningún problema; por otro lado, tampoco parece haber impedimento alguno para alentar a los asiáticos, siempre que se abstengan de enseñar a los africanos costumbres perniciosas —una contingencia que se debe tener presente—, a comerciar y establecerse como pretenden en esas extensas y fecundas tierras tropicales a las que están adaptados por naturaleza. No es mi intención mostrarme dogmático, pero en esa dirección parecen hallarse las claves que harán posible la aplicación de una política adecuada y que, guiados por la luz de la ciencia y la tolerancia, podremos encontrar sin dificultad.

Dado que el desarrollo de estas reflexiones me ha llevado bastante más lejos de lo que justificaría una mera aproximación a la política de Nairobi, planteo de nuevo la pregunta con la que he comenzado: «¿Pueden convertirse en "un territorio de blancos" las tierras altas del África Oriental?». Examinemos la cuestión desde una nueva perspectiva. Cuando uno va recorriendo, a pie o a caballo, los valles y las vastas mesetas de estas altas tierras, acariciado por una agradable brisa, escuchando la música de sus arroyos y regalándose los ojos con su hermosura y riqueza naturales, un sentimiento de perplejidad embarga el ánimo. ¿Cómo es posible que esta zona no se haya convertido en la patria de una raza superior, próspera, sana y libre? ¿Por qué, una vez que ya dispone de ferrocarril y es conocida a través de numerosas publicaciones, no ha recibido una vertiginosa corriente de inmigración desde los agobiantes y malsanos suburbios de Europa? Y, sobre todo, ¿por qué los pioneros aquí establecidos, esos vigorosos y aventureros hombres de brazos fuertes y grandes ambiciones, a menudo no logran sino mantenerse a flote? ¿Por qué, entre este reducido grupo, son tan habituales las quejas, el descontento y aun el desánimo más absoluto?

Siempre he experimentado una ferviente gratitud por el hecho de no haber poseído nunca una yarda cuadrada de esa perversa mercancía llamada "tierra". No obstante, debo admitir que, viajando por estas regiones, he comprendido en qué consiste el ansia de poseer tierra por primera vez en mi vida. Por mucho que lo queramos reprimir, resulta inevitable sentir el deseo de ponerle jalones a uno de estos extensos y hermosos terrenos, con todas las recompensas derivadas del ingenio y el trabajo practicados al aire libre. Sin embargo, los hacendados que continúan abriéndose paso por todas partes —pese a poseer millares de fértiles acres de suelo, con sus frondosos árboles, ríos y montañas, que han adquirido por poco o nada— se muestran siempre inquietos, nerviosos e irritables, a menudo desilusionados, en ocasiones abatidos y en otras, incluso destrozados.

¿Cuál es la verdadera cara oculta tras el velo de ilimitadas promesas que parece envolver esta tierra? ¿No se tratará tan sólo de una burla? ¿Acaso será también feroz el brillante ojo que nos observa? «La primera vez que contemplé este país», me dijo una vez un colono, «me quedé prendado de él. Ya había visto lo más bello de Australia, había prosperado en Nueva Zelanda y conocía Sudáfrica. Pero aquí pensé que al fin había encontrado "el país del propio Dios". Les escribí a todos mis amigos para animarlos a venir y redacté una serie de reportajes elogiando el esplendor de estos paisajes y la excelencia de su clima. Antes de que saliera a la luz el último de mis artículos, mi capital ya estaba a punto de agotarse, mis vallas habían sido derribadas por tropas de cebras, se me había muerto el ganado de importación, mis títulos de propiedad se hallaban bloqueados en la oficina del Registro y yo mismo había estado al borde de la muerte por culpa de una fiebre maligna. Desde entonces dejo para otros la tarea de elogiar los tesoros del África Oriental».

Bien es verdad que esta segunda impresión peca de un pesimismo exagerado, al igual que la primera traslucía un exceso de confianza. Pero la crudeza del revés de la moneda en el África Oriental es un hecho indiscutible que, tanto en interés del inmigrante como en el del propio país, no se debería mantener oculto. Aún no está completamente demostrado que el europeo sea capaz de convertir las tierras altas del África Oriental en su patria definitiva; es decir, que le resulte posible permanecer en un entorno tan diferente al de las zonas templadas, durante quince o veinte años seguidos, sin sufrir una perceptible degeneración y, mucho menos, que sea capaz de mantener una familia a través de varias generaciones. Por muy estimulante que sea el aire, no se debe olvidar que una altitud tan elevada, entre cinco mil y ocho mil pies sobre el nivel del mar, constituye una insólita circunstancia susceptible de provocar efectos, todavía no comprobados, sobre el corazón, el sistema nervioso o el cerebro; por fresco que sea, no puede contrarrestar las condiciones climáticas del ecuador. Aunque los cielos nos parezcan benignos y familiares, con sus algodonosas nubes blancas que descargan chubascos pasajeros, los rayos del sol caen en picado —casi en vertical a lo largo de todo el año— sobre animales y seres humanos por igual, afligiendo en particular al blanco, a quien encuentran más desprotegido. Pese a la rapidez con que se multiplican y a las asombrosas mejoras que presentan los ejemplares cruzados con ganado de importación, tanto las ovejas como las vacas están sujetas a numerosos y desconocidos peligros que, a menudo, resultan fatales. Y, aun cuando el paisaje recuerde al reflexivo viajero las tranquilas bellezas de otros climas más suaves de su propio país, se debe tener en cuenta que su pródiga fecundidad también alimenta a venenosos reptiles, insectos portadores de plagas y terribles animales de presa.

Así y todo no existe duda alguna sobre la capacidad de la ciencia moderna para ofrecer, o llegar a descubrir, los medios con que erradicar o reducir muchos de estos males. En la medida que avancen las investigaciones científicas sobre agricultura y enfermedades tropicales y se desarrolle el país, irán desapareciendo las dificultades que agobiaban al pionero. El colono aprenderá a vestirse y a construir su casa, sabrá reconocer el ganado y los cultivos apropiados y descartará lo que no le interesa. La propagación de la fiebre de la costa oriental, transmitida ahora por las garrapatas de un animal a otro, y difundida por los ejemplares infectados de un distrito a otro, se podrá detener y controlar por medio de un adecuado sistema de cuarentena y cercados de alambre. Serán descubiertos remedios para las diversas enfermedades que atacan a las ovejas y a los caballos. Los rinocerontes, cebras, búfalos y demás fascinantes y pintorescos obstáculos serán exterminados o perseguidos en las áreas de asentamiento hasta ser confinados en vastas reservas de territorio deshabitado. El continuo aunque lento crecimiento de la población blanca creará un mercado para los productos de la agricultura local. El bien equipado departamento del Ministerio de Agricultura y Ganadería, recién instalado en gran escala, se ocupará de asesorar y apoyar a las empresas del nuevo colono, evitando así que repita los fallidos experimentos de sus antecesores. Se arreglarán las carreteras, las líneas férreas serán ampliadas y se introducirá el tranvía monocarril. Paso a paso, la vida y los medios de subsistencia se volverán más accesibles y seguros. Pero ni aún así se habrá probado de verdad que el europeo de pura raza pueda criar a sus hijos bajo el sol ecuatorial y a una altitud de más de seis mil pies; mientras no se demuestre eso, "el país del hombre blanco" seguirá siendo tan sólo un sueño de los blancos.

He escrito sobre los europeos y los asiáticos pero, ¿qué se puede decir del africano? Unos cuatro millones de personas de color viven en los distritos que, de forma plena o parcial, forman parte del Protectorado del África Oriental; otros muchos se encuentran fuera de estos amplios y crecientes límites. ¿Cuál va a ser su papel en la configuración del futuro de su propio país? Después de todo, se trata de *su* África. ¿Qué le van a ofrecer ellos y qué les puede dar ella a cambio? «Los nativos», dice el hacendado, «se muestran muy reticentes a trabajar, sobre todo a hacerlo de una forma continuada». «Es necesario obligarles a trabajar», dice otro. «¿Trabajar para quién?» preguntamos con ingenuidad. «Para nosotros, por supuesto», es la respuesta inmediata, «¿para quién si no?» Y acto seguido nos tropezamos con otro rebaño de preguntas que, como los rinocerontes, son torpes, estrechas de miras, insensibles, mal intencionadas, peligrosas y dispuestas a embestir a ciegas ante la mínima sospecha. ¿Es holgazán el nativo? ¿No es autosuficiente y paga sus impuestos? ¿O acaso haraganea a placer mientras sus tres o cuatro esposas cargan con toda la responsabilidad, labran las tierras y lo mantienen? Y en caso de ser así, ¿tiene derecho a continuar en esa actitud, cual ocioso caballero en este trepidante mundo, filósofo desnudo e inconsciente que vive "una vida sencilla" sin cuidados ni privaciones? ¿Quién tiene la última palabra? ¿Pretende la civilización afirmar de forma definitiva que cuando un nativo africano se mantiene a sí mismo, u obliga a sus mujeres a que lo mantengan, no existe razón alguna para reclamarle nada más? El blanco tendrá que encargarse del resto. Garantizará la paz para que las tribus puedan prosperar y multiplicarse. Con su previsora y vigilante mirada, tensa y fatigada por el esfuerzo, tomará medidas contra el hambre y, aun a costa de caer víctima de su propia lucha, empleará sus conocimientos para vencer la pestilencia y curar las enfermedades. Lejos de su familia y hogar, se dedicará a abatir árboles y a cavar pozos, a embalsar corrientes y a construir carreteras, con el ansia en su corazón y "el sudor de su frente", según la maldición que pesa sobre el hombre susceptible de crearse múltiples necesidades; el que apenas se las ha creado, mientras tanto, lo observa desde las sombras tomándolo por loco.

Comparar la vida y el destino del africano —tan satisfecho y confiado en su abismo de degradación como rico en el sentido de que carece de todo pero no necesita nada— con la larga pesadilla de inquietud y privaciones, de suciedad, lobreguez y mugre, iluminada sólo por chispas de dolorosa consciencia y tentadoras esperanzas, que constituye la vida de tanta pobre gente en Inglaterra y Escocia, es como pisar arenas movedizas. «Sería un tremendo error permitir la entrada masiva de "blancos de clase baja" en este país», oí decir un día a un caballero. «Si los nativos supieran que existe gente tan miserable en nuestra tierra, le perderían el respeto al blanco.» Este planteamiento, en cualquier caso, muestra la otra cara de la moneda de una civilización que se siente avergonzada ante el salvaje de sus propias reglas y temerosa de que, al descubrir lo que se oculta tras el manto dorado y púrpura del estado, empiece a sospechar que el todopoderoso hombre blanco es un fraude. ¡Pero eso no tiene ninguna relevancia!

Sostengo la firme opinión de que ningún hombre tiene derecho a haraganear, quienquiera que sea y dondequiera que viva, sino que debe contribuir con su honesta aportación al trabajo general de la sociedad. Y no hago ninguna excepción con el africano. En un sentido mucho más amplio del admitido por algunos expertos en estas materias, los africanos son trabajadores y susceptibles de responder tanto al aprendizaje como al liderazgo. Sólo con pasar unas semanas en estrecha convivencia con los disciplinados miembros del Batallón de Fusileros Reales, como es mi caso, o con los hábiles navegantes de la Marina de Uganda, puede observarse el maravilloso contraste que ofrecen con la población de la que proceden. ¡Qué fuertes, qué generosos, qué perspicaces son! ¡Cómo se enorgullecen de ellos sus oficiales blancos! ¡Cuántas molestias se toman para complacer a los viajeros a quienes escoltan y con qué sincero placer reciben cualquier expresión de elogio o agradecimiento! Para mejorar el nivel de vida que poseen actualmente la mayor parte de las tribus del África Oriental, sólo se necesita aplicar una justa y noble disciplina, una formación cuidadosa y un trato tolerante. ¿Y por qué sólo se ha de enseñar a los hombres a ser soldados? ¿Se va a llevar siempre la guerra la mejor parte de la humanidad? ¿Acaso la industria de la paz no puede resultar tan atractiva o beneficiarse del mismo nivel de asesoramiento e investigación del que disfruta el uso combinado de armas mortales? «¿Por qué», como se pregunta Ruskin, «no se han de enorgullecer los hombres de *construir* poblados en lugar de limitarse a *capturarlos*?»

Me pregunto por qué mi pluma se desliza por estos laberintos cuando mi única intención era ofrecer una visión general de la política en Nairobi. Pero los problemas del África Oriental, en realidad, son semejantes a los del resto del mundo. Aquí se ven ya surgir, aunque en pequeña escala, las tensiones raciales, sociales y económicas que abruman a la sociedad moderna y, si preferimos analizar este modelo que tenemos ahora mismo tan próximo, es porque una menor escala permite una observación más clara y porque, además, en el África Oriental y en Uganda el futuro aún no está del todo comprometido. El Gobierno británico tiene en sus manos el poder de forjar el desarrollo y el destino de estos nuevos países y sus diversas tribus y, para llevar a cabo esta tarea, puede recurrir a un elevado nivel de autoridad del que no suele disponer en nuestro propio país para abordar sus graves problemas. Y es este hecho lo que aguijonea la mente. Pero a estas alturas el lector ya estará tan cansado de la política del África Oriental como me sentía yo cuando, después de tres días de debates y discusiones, el tren partió de Nairobi soltando vapor con destino al lago Victoria y los territorios que lo rodean.

IV Los grandes lagos

Nos encontramos viajando de nuevo en el Ferrocarril de Uganda. Por muy bellos e interesantes que resulten lo paisajes contemplados en el trayecto de Mombasa a Nairobi, los superan con creces los magníficos escenarios que se observan de camino hacia el lago. El primero, por situación e importancia, es el valle del Rift. Esta curiosa falla en la faz de la tierra, que según los geólogos abarca las cuatro mil millas de tierra y mar que nos separan de Palestina y llega hasta el extremo sur del lago Tanganica, es atravesada por la línea férrea de Uganda en una de sus zonas más impactantes. A lo largo de unas sesenta millas la meseta se va elevando de modo gradual, formando una serie de ondulaciones cubiertas de bosques, hasta un nivel de más de seis mil pies de altitud y, de pronto, desciende en picado, casi precipitándose, desde una altura superior a los dos mil pies. Este fruncido muro de rocas y bosques que, con la rectitud de una regla, se extiende hasta más allá de lo que alcanza la vista, es el Kikuyu Escarpment. A medida que el tren se abre paso, descendiendo en diagonal y zigzagueando sobre su superficie, un majestuoso panorama comienza a desplegarse ante los ojos. Mucho más abajo, bañada por la luz del sol y alargándose hasta brumosos horizontes morados, se divisa la vasta depresión del valle del Rift, salpicada por colinas volcánicas de caprichosas formas y quebrados cráteres. A lo lejos, en tonos azules y pardos, se alza como una amenaza la ladera de la montaña. Como observamos la llanura con la perspectiva de quien viaja en globo, los bosques nos parecen verdes campos de hierba y los imponentes árboles, matorrales espinosos.

Al cabo de una hora, aproximadamente, aparece a la vista el lago Naivasha. Cuenta con una superficie de unas diez millas cuadradas y, en el centro, la corona de un cráter sumergido configura una extraña isla en forma de cono. Sus aguas saladas repelen a los hombres pero ofrecen refugio a los hipopótamos y a innumerables aves salvajes. En Naivasha se halla la granja ganadera estatal; sus rebaños cuentan con ejemplares de ovejas nativas y de las cruzadas con la raza inglesa. La mejora es asombrosa. La oveja de aquí es un peludo ser que, a ojos del profano, parece más bien una cabra. Cruzada con sangre de Sussex o de Australia, procrea un animal lanudo de aspecto más familiar. En el siguiente cruce la progenie apenas se distingue, en apariencia, de la pura sangre inglesa, pero muestra una mayor adaptación al sol y al clima africano. Otro tanto ocurre con el resto del ganado. En la primera generación desaparece la joroba del buey africano y en la segunda, se revela ya el respetable vacuno inglés de cuernos cortos. Esta granja estatal persigue un doble objetivo: por un lado, encontrar la especie animal que mejor se adapte a las condiciones locales; por otro, procurar a los colonos y a los nativos un estable y creciente suministro de ejemplares de pura sangre que les ayuden a triplicar o cuadriplicar el valor de sus rebaños. El celo y entusiasmo de los encargados de esta labor nos resultaron muy alentadores. De todos modos, sus actividades están limitadas actualmente por la insuficiencia de fondos disponibles y las precauciones que se están adoptando ante la fiebre de la costa oriental. El primero de estos impedimentos puede ser superado; el segundo, en cambio, parece más difícil de combatir.

La fiebre de la costa oriental entró a través de la frontera alemana hace año y medio y, desde entonces, pese a contar con las medidas preventivas que la escasa financiación permite, se ha ido propagando de modo paulatino a través del Protectorado. Una vaca enferma tarda unos treinta días en morir; mientras tanto, adonde quiera que vaya, transporta los afectados enjambres de ácaros, que conservan la infección durante un año. Si cualquier otro animal doméstico pasa por el terreno contaminado durante ese periodo, las garrapatas se le fijan en la piel inoculándole la enfermedad. Cada nueva víctima traspasa la maldición a más garrapatas que, a su vez, la propagan a nuevos ejemplares de ganado y así indefinidamente. Cada uno de esos puntos se transforma en otra área infectada donde las vacas empiezan a caer una tras otra, trasmitiéndoles a los devoradores insectos una herencia maldita.

Así pues, observamos aquí dos principios opuestos de la naturaleza actuando al mismo tiempo; mientras los carneros y bueyes de pura sangre propagan salud y fecundidad a través de la tierra, en círculos cada vez más amplios, el ganado enfermo difunde su mensaje de muerte en todas las direcciones. Cada sitio al que llega cualquiera de ellos se convierte de inmediato en un nuevo centro de vida o de aniquilamiento. Ambos procesos tienden a multiplicarse sin cesar de forma deliberada. Ante el avance de esta plaga, el nativo se encuentra indefenso. Abandonado a sus propios recursos, seguramente el mal triunfaría sobre el bien, hasta provocar el exterminio del ganado e incluso el de la propia enfermedad, por falta de sustento. Pero es aquí donde interviene el bípedo blanco con sus facultades y raciocinio desde el Departamento de Agricultura techado de cinc; descubre, por ejemplo, la posibilidad de desinfectar el terreno, reservándolo para ovejas a las que las garrapatas pueden transmitir su veneno de forma inocua pues bastará con efectuar una posterior purga de las mismas; levanta cientos de millas de alambradas para separar el terreno en compartimentos de forma similar a la utilizada para dividir con mamparas un buque de guerra; aísla las áreas contaminadas; sacrifica a los animales infectados; promueve una metódica investigación, cada vez más esperanzadora, sobre paliativos y profilácticos; en suma, detiene la maldición con una mano a la vez que, con la otra, impulsa la bendición y, al hacerlo, no cabe duda de que está realizando una función esencial desde varios puntos de vista.

Nos llevó cuatro días llegar al lago Victoria, pese a tratarse de una distancia que puede ser recorrida en veinticuatro horas; cada día, por motivos de trabajo o de placer, debíamos realizar algún desvío mientras el tren permanecía a nuestra disposición en un apartadero. En ese sentido no teníamos problema ya que viajaban con nosotros el gobernador y los secretarios de varios departamentos, con quienes trabajábamos en estrecha colaboración sobre un sinfín de enojosos asuntos. Los campesinos, inspectores y todo tipo de personas acudían a las estaciones para darnos la bienvenida o para presentar sus reclamaciones —una delegación de colonos bóers que venían a expresar sus votos de lealtad a la Corona, los jefes de las tribus *lumbwa y nandi** rodeados de una multitud de guerreros, el *laibon** seguido por sus cuatro esposas, que caminaban en fila india— hasta que llegaba un momento en que yo me sentía tan cansado de pronunciar discursos "breves y apropiados" como, probablemente, mis compañeros de oírlos.

La del lago Elmenteita, sin embargo, fue una excursión de recreo. Lord Delamere acudió a recibirnos a la estación provisto de mapas del cabo, ponis y venablos. De inmediato emprendimos la marcha, en busca del jabalí, a través de una vasta llanura donde se veían abundantes antílopes y gacelas. No he vivido suficientes experiencias en la India para poder comparar la caza del jabalí con venablo en dicho país, teniendo en cuenta la capacidad de lucha del animal y la naturaleza del terreno, con la que se practica en el África Oriental. Pero creo que hasta el miembro más competente del Meerut Tent Club* reconocería que el valor y la ferocidad del suido africano junto con la extrema escabrosidad del suelo, repleto de peñascos y horadado por profundos hormigueros ocultos bajo una exuberante hierba, transforman la caza con venablo en estas tierras en un deporte que merecería una seria y cuidadosa atención. En la actualidad aún está en mantillas y muy pocos oficiales, incluidos los del Batallón de Fusileros Reales, pueden presumir de poseer la destreza del experto indio. Pero en este país, aparte de que todo se encuentre en sus inicios, el jabalí verrugoso está considerado, al menos hasta la fecha, como un peligroso canalla responsable de un colosal estrago en las plantaciones, de modo que

* *Lumbwa y nandi:* tribus que habitan en las tierras altas de Kenia.
* *Laibon:* hechicero de la tribu kikuyu.
* Meerut Tent Club: prestigioso club de caza de jabalí en la ciudad india de Meerut.

su aniquilación por medio de cualquier procedimiento, incluidos los más sofisticados, resulta tan provechosa como excitante.

Nuestro primer suido, un hermoso ejemplar que trotaba con la cola en alto y un brillo malicioso en los colmillos, se permitió una carrera de casi tres millas antes de caer abatido. El riesgo de este deporte radica precisamente en que la única manera de darle alcance al jabalí y alancearlo con eficacia es montado a caballo, y a galope tendido. El terreno es tan accidentado que apenas se osa perderlo de vista ni un segundo; no obstante, al menos durante unas cien yardas seguidas, toda la atención del jinete debe estar concentrada en la presa que, hallándose a escasa distancia, puede embestir en cualquier momento. Una caída a esas alturas sería muy peligrosa ya que el suido atacará sin vacilación alguna al caballero sin montura; de todas formas, es una contingencia imposible de evitar. No sé si mis palabras provocarán un escándalo en la India Británica, pero yo recomiendo al hipotético cazador del África Oriental llevar un revólver sujeto al muslo por si acaso. «No lo necesitas muy a menudo», como observó un americano, «pero en caso de necesitarlo, lo necesitas de verdad».

Pasamos una placentera mañana cabalgando tras esos brutos, cazando algunos ejemplares de *Gazella granti* y *Gazella thomsoni*, "grants" y "tommies" como se les llama en el lenguaje coloquial, y buscando antílopes africanos durante los intervalos. En un extremo del lago Elmenteita —una hermosa superficie de agua, salada por desgracia— se celebraba una fiesta a la que estaban invitados unos cuantos caballeros de la hacienda de Lord Delamare y de las propiedades vecinas. Múltiples hatos y rebaños permanecían en fila a ambos lados del camino colocados por orden: la raza nativa, la mestiza de primera generación, la de segunda, la pura sangre. A través de estos símbolos de la riqueza patriarcal, que despertarían el más entusiasta interés en cualquier viajero instruido en la materia y menos hambriento que yo, nos abrimos paso hasta un excelente almuerzo que, como era de prever, no estuvo exento de las habituales discusiones sobre política africana.

Ya a media tarde emprendimos el regreso al tren, que se hallaba en un apartadero a pocas millas de distancia. Por el camino nos tropezamos con un monstruoso y feroz jabalí que nos arrastró a una entretenida gira a través de hierba, peñascos y maleza. En el momento en que emergió de nuevo en un claro de terreno más o menos llano, decidí lanzarle el venablo y espoleé al poni a la máxima velocidad. Justo estaba calculando la mejor manera de hacerle frente cuando, sin la menor provocación, y en cualquier caso antes siquiera de haber tenido tiempo de azuzarlo, se volvió de súbito para abalanzarse sobre mí como un leopardo. Por suerte, el venablo se interpuso en su camino y, gracias al fuerte golpe con que lo descargué —me quedó dolorido el brazo durante una semana— se le clavó en el cuello antes de romperse; así que, aun con unas dieciocho pulgadas de flecha clavadas en la cabeza, tuvo la suerte de poder desviarse y, enseguida, tras embestir a mi compañero, se refugió en una profunda cueva de donde ni los estímulos ni los insultos lograron sacarlo.

Más tarde dimos caza a otro jabalí y perseguimos a un cuarto en vano hasta que, ya cerca del anochecer, regresamos al apartadero. Cuando me disponía a subir al tren me comunicaron con la mayor tranquilidad que, apenas quince minutos antes, *seis leones* habían cruzado la línea férrea a un cuarto de milla de allí. Fue por esta razón por la que me encontré a un colono, que también había asistido al almuerzo en Elmenteita, cargando unos revólveres que había pedido prestados para defenderse en el camino de regreso a Nakuru; mientras le ofrecía algunas municiones se me ocurrió pensar que, cualesquiera que sean los defectos del África Oriental, está claro que entre ellos no se incluye la ausencia de una interesante y variada fauna.

Al día siguiente nuestro tren circula entre los hermosos y poblados bosques que coronan la cima del Mau Escarpment. Mi admiración por la exuberancia y el esplendor del reino vegetal se confunde con una especie de anonadamiento ante su agresiva fecundidad. Los corpulentos árboles se proyectan por encima de la línea de ferrocarril. Las enredaderas se descuelgan por las zanjas, ocultando el rojizo suelo con un manto de flores y follaje. Los terraplenes están totalmente recubiertos. Las zonas desbrozadas rebosan una densa vegetación de intrincadas plantas. Si no fuera por el incesante trabajo destinado a mantenerla recortada y limpia de malas hierbas, la línea férrea se volvería pronto intransitable. Aun en su estado actual, se aprecian los largos dedos del bosque adhiriéndose con tenacidad a los brillantes metales por doquier. Está claro que un año de abandono obligaría a la empresa del ferrocarril a realizar toda una expedición para redescubrir el trayecto original.

En la estación de Nyoro nos encontramos a unos novecientos nativos cortando madera para el tren, que depende por completo de este material en calidad de combustible. El contratista responsable, un joven caballero inglés considerado como un patrón modelo en el manejo de mano de obra nativa contratada por el Gobierno, se había tomado la molestia de desbrozar un camino a través de la maleza en un recoveco de la línea, para que yo pudiera acceder al bosque. Así que nos introdujimos todos por un túnel vegetal de aproximadamente una milla y media de largo. A pesar de su espesura y enmarañamiento, el aspecto del monte no era nada siniestro. Los árboles más altos se elevaban con poderío hasta unos ciento cincuenta pies destacando sobre las arboledas de menor altura, que eran más abundantes y frondosas. Por debajo, crecía una capa de arbustos y matorrales y, todavía más abajo, todo alrededor y por doquier, flotaba un vasto mar de enredaderas semejantes a los convólvulos. La luz del sol lograba atravesar estas cuatro capas, a intervalos de unas veinte yardas, abriéndose paso hasta formar un brillante tablero de ajedrez en verde y amarillo.

De camino nos explicaron el sistema utilizado para cortar el combustible. Se trata de un elaborado método de faena a destajo, perfectamente bien regulado en cuanto a su justicia y precisión. Como suele suceder cuando un blanco se ocupa en persona de sus hombres, no parecía existir ningún problema para encontrar el número preciso de obreros nativos que, por cierto, constituyen una carga muy pesada. Por muy satisfechos que se sientan con el trabajo y sus compensaciones, pocos aguantan más de un mes o dos y, en todo caso, cuando empiezan a adquirir experiencia, se marchan a sus poblados para ocuparse de sus huertas y sus familias, prometiendo volver otro año, o después de la cosecha, o en alguna remota e indefinida fecha. Entretanto, el ferrocarril necesita su ración diaria de combustible, día tras día, con la despiadada rutina de la maquinaria industrial.

¡Pero vaya un modo de cortar leña! Una población flotante de torpes bárbaros picoteando en los árboles con sus pequeños machetes, más parecidos a azadas de juguete que a verdaderas hachas, y acarreando pesadas cargas sobre la cabeza, a lo largo de un cuarto de milla, hasta el depósito de madera; el bosque, mientras tanto, parece burlarse de la debilidad del hombre. He realizado un cálculo al respecto. Cada uno de los novecientos empleados nativos supone un gasto de unas seis libras esterlinas al año. El precio de un aserradero mecánico, provisto de una línea monorraíl de una milla de longitud, vale unas quinientas libras. El interés y el fondo de amortización sobre este desembolso de capital equivale a la paga de cuatro nativos junto con el sueldo de un experto ingeniero blanco equiparable, a su vez, al salario de cuarenta indígenas; por otro lado, los gastos de mantenimiento y amortización vienen a representar la paga de veinte trabajadores; el total resultante sería equivalente al salario de sesenta y cinco nativos. Una planta semejante, capaz de talar en cuatro o cinco minutos tres árboles de unos seis pies de diámetro —destinados a maderaje o a combustible—, de serrarlos con la máxima rapidez según el tamaño que se necesite y, una vez serrados, transportarlos en un solo viaje al apartadero, realizaría en un día el trabajo semanal de los sesenta y cinco trabajadores a los que sustituye y significaría multiplicar por siete su capacidad de producción. Pero no parece lógico intentar apoderarse del África tropical con las manos desnudas. La civilización debe armarse de maquinaria si pretende someter estas salvajes regiones a su autoridad. Vías de hierro en lugar de porteadores al trote; máquinas inagotables, en el de hombres agotados; energía rentable, en el de mano de obra barata; vapor y destreza, en el de sudor y chapuzas: he aquí los únicos medios para poder civilizar una jungla... y más de una.

De ese tema hablábamos —al menos hablaba yo— mientras nos abríamos paso entre los tocones de los árboles talados, bajo un crepúsculo esmeralda, vadeando de un rayo de sol a otro a través de un torrente de enredaderas. Resulta de vital importancia evitar que estos bosques sean desvalijados por manos derrochadoras y temerarias, pero no es menos trascendental que el Ferrocarril de Uganda obtenga la madera a buen precio. Durante mucho tiempo el combustible fue el único objetivo perseguido pero, una vez creado bajo rigurosos criterios científicos el moderno Departamento Forestal, se corre el peligro de que la silvicultura se convierta en la única meta, pues ello provocaría una subida en el precio del fuel derivada de una normativa que, si bien es admirable en sí misma, conllevaría un perjuicio económico para la empresa. No olvidemos nunca que la compañía del Ferrocarril de Uganda es el motor económico de todo el comercio de la zona. Lo que se necesita aquí, como en cualquier lado, es alcanzar un grado de compromiso armonioso entre tantos intereses contrapuestos y conflictivos. Eso es todo.

El guía que nos acompañaba nos habló sobre las extrañas criaturas del bosque que, a veces, se divisan en las proximidades de los aserraderos: antílopes poco habituales, enormes búfalos, sorprendentes pájaros y mariposas inconcebibles para la imaginación. Había conseguido trabar amistad con los hombres de la tribu *wandorobo*, un pueblo de comerciantes de madera que viven sumergidos en estas impenetrables sombras y son tan huraños que si una sola vez un extranjero logra descubrir su poblado, lo abandonan a partir de ese momento; aun así, como al mismo tiempo se sienten tentados por la curiosidad, se asoman a hurtadillas a los aserraderos cada vez con mayor frecuencia y llegará el día en que establezcan relaciones comerciales intercambiando pieles por azúcar. Me estaba empezando a interesar en estos picoteadores de madera cuando desembocamos bajo la abrasadora llamarada del sol de mediodía que caía a plomo sobre los pulidos raíles de la estación; nos montamos en el guardarrieles y nos dirigimos a toda velocidad a una auténtica serrería mecánica situada junto a la misma línea del ferrocarril, a unas diez millas de distancia.

A medida que el tren va ascendiendo de forma gradual, el aspecto del paisaje empieza a transformarse. Los bosques, en vez de llegar hasta la línea férrea, se encuentran ahora nítidamente separados de ella por redondeadas colinas verdes. Además poseen un rasgo extraordinario: las masas forestales no están rodeadas por un discontinuo cinturón de árboles más raquíticos sino que, en vez de presentar un área de transición, acaban siempre de una forma abrupta. Suaves pendientes de hierba tocan los límites de la selva virgen, igual que en Inglaterra los prados se extienden hasta rozar la maleza. Como consecuencia de ello, resulta asombroso que el paisaje se asemeje tanto al nuestro. Es como viajar a través de una serie de parques gigantes donde la mano del hombre llevase cientos de siglos decidiendo en qué lugares exactos pueden, o no, crecer los árboles.

En dirección este se pueden distinguir grandes llanuras, como fugaces apariciones, a través de los claros que se abren en la altiplanicie. Cuando por fin llegamos a la cima del promontorio, nos detenemos a almorzar cerca de un indicador donde aparecen registrados ocho mil doscientos noventa pies sobre el nivel del mar. Hacia el sur se yergue una colina, de unos quinientos pies de altura, desde cuya cima se distinguen las aguas del lago Victoria como si fueran las de un lejano océano.

Desde el punto de vista geográfico acabamos de alcanzar el punto culminante de este largo viaje. A partir de ahora, para emprender el camino de vuelta, sólo tendremos que descender guiados por la fuerza de la gravedad; primero, a toda velocidad siguiendo la vía férrea hasta el lago Victoria y, luego, con más parsimonia, por la corriente del Nilo hacia el Mediterráneo. Muy a nuestro pesar, empezamos a alejarnos de las encumbradas tierras altas del África Oriental, con su fresca y tonificante brisa y su paisaje inglés, para acabar aterrizando sobre una región intermedia, desplegada a una altura de unos cuatro mil pies, donde predominan unas características totalmente distintas. A lo largo de las laderas de las colinas y los amplios valles, o sobre frágiles puentes de hierro entre cuyas durmientes se distinguen chispeantes arroyos, continuamos nuestro descenso hacia el lago a una velocidad de unas treinta millas por hora. La temperatura ha sufrido una notable modificación en el transcurso de una hora. Ya no se necesita llevar abrigo ni siquiera viajando en la parte delantera de la locomotora. Al cabo de dos horas nos sumergimos en el cálido y húmedo ambiente del pegajoso calor tropical. El aire ha perdido su frescura y, en su lugar, se siente la agobiante sensación de bochorno que precede a las típicas tormentas de esta época del año.

Para escapar del calor que se notaba en las riberas del lago nos quedamos en Fort Ternan, un pequeño asentamiento emplazado a unas cuarenta millas de Kisumu y a más de mil pies de altura. Nada más llegar, se desencadenó la tormenta que llevaba toda la tarde cerniéndose sobre la cara oeste del Mau Escarpment. Aunque tengo cierta experiencia al respecto, tras haber vivido diez meses en las estepas de Sudáfrica, su violencia me dejó anonadado. Durante casi dos horas, los truenos estuvieron estallando y rugiendo con un tremendo fragor,

Como salta el agua de un alto risco,
Los relámpagos caían sin descanso;
Un ancho y abrupto río. *

mientras la lluvia se precipitaba en cortinas de agua, tan espesas que una sola de ellas bastaba para calarte hasta los huesos. Pero nuestro tren constituye un eficaz refugio. Cenamos cómodamente en medio de la tempestad y luego, en una atmósfera más fresca, estuvimos contemplando las melancólicas estrellas en un cielo teñido de lágrimas.

Al alba llegamos a Kisumu. Una multitud pulula por la abarrotada plataforma intercambiando saludos: soldados en formación, grupos de comerciantes indios y cientos de nativos de la tribu *kavirondo* totalmente desnudos. A lo largo del rompeolas se observan grandes barcos blancos y, a lo lejos, las aguas del lago resplandecen dispensándole su generosa bienvenida al sol naciente. Kisumu —o Port Florence, como se le llama a menudo— acoge la estación término del Ferrocarril de Uganda, en dirección oeste, y el puerto principal del lago Victoria; en estos muelles atracan todos los vapores que operan en estas aguas y, al

* *Like water flung from some high crag, / The lightning fell with never a jag, / A river steep and wide*. De la *Balada del anciano marinero,* de S.T. Coleridge. Al citar de memoria, Churchill se equivoca en el primer verso, que en realidad dice: *Like waters shot from some high crag*.

parecer, aquí se encuentran los astilleros situados a mayor altitud del mundo. Actualmente se está construyendo un carguero de ochocientas toneladas que será botado dentro de unos meses para hacer frente al creciente tráfico de la zona. La estación es preciosa; sus elegantes edificios y frondosos árboles, enmarcados entre colinas, miran a la vasta bahía de Kavirondo y a los promontorios que la rodean. Por desgracia, al estar emplazado en un sombrío estuario carente de mareas y repleto de aguas fecales, resulta un insalubre lugar de clima deprimente. Algún día habrá que hacer realidad una de estas dos posibilidades: o bien construir una presa en las aguas del lago Victoria, a la altura de las cataratas Ripon, lo que implicaría la depuración de la bahía de Kavirondo y el aumento de su calado, o bien desviar la línea del ferrocarril para prolongarla hasta su término natural en Port Victoria, donde las aguas son más profundas.

La tribu *kavirondo*, la más numerosa de la zona, nos había organizado un impresionante recibimiento. Los nativos nos esperaban colocados en apiñadas hileras a los lados de la carretera que conduce a la residencia del comisario, de modo que marchamos por el pasillo que formaban en medio de un tremendo tumulto de tambores, entrechocar de cuernos y estridentes saludos. Todos los guerreros portaban lanzas, escudos y pinturas de guerra y muchos de ellos también lucían penachos de plumas de avestruz. Estos indígenas no se avergüenzan en absoluto de andar desnudos. Los individuos de ambos sexos están habituados a desenvolverse con la primitiva sencillez de la naturaleza. Su desnudez no se basa en la mera ignorancia sino en un planteamiento racional. Sienten un arraigado prejuicio contra la utilización de vestimenta por considerarla una incitación a la inmoralidad; ninguna mujer de la tribu puede ataviarse, ni siquiera con la más exigua prenda, sin que su reputación resulte mancillada. De hecho, tienen fama de ser la tribu de moral más estricta entre todas las que habitan la ribera del lago. Es una pena que Herr Diogenes Teufelsdröckh*, de la universidad de Weissnichtwo, no se los tropezara en sus arduas expediciones pues seguramente le per-

* Herr Diogenes Teufelsdröckh: protagonista de la novela *Sartor Serartus*, de Thomas Carlyle.

mitirían añadir otra página a su monumental tratado sobre las funciones de la vestimenta.

Al despertar a la mañana siguiente, me encuentro a bordo de un magnífico barco. Sus largas y espaciosas cubiertas son de un blanco tan níveo como las de un lujoso yate. Está equipado con baños, luz eléctrica y todas las comodidades modernas. Ofrece una cocina excelente y una biblioteca bien seleccionada. Elegantes marineros uniformados, con caras de color ébano, abrillantan los objetos de cobre mientras apuestos oficiales de la Marina inglesa, vestidos de blanco, recorren el puente. Navegamos a vapor, a diez millas por hora, sobre un inmenso mar de agua dulce, tan extenso como Escocia y situado a mayor altura que la cumbre del Ben Nevis. En ciertos momentos nos encontramos en un círculo perfecto de cielo y lago, sin atisbar ni una señal de tierra; en otros, bordeamos altas riberas cubiertas de bosques y coronadas por distantes montañas de color pardo azulado o nos abrimos paso entre una multitud de islas preciosas. El aire es puro y fresco; el escenario, magnífico. Podríamos encontrarnos realizando una travesía en yate por la costa de Cornualles, en pleno mes de julio. Pero nos encontramos en el ecuador, en el corazón de África, cruzando el lago Victoria ¡a cuatro mil pies sobre el nivel del mar!

V El Reino de Uganda

El protectorado del África Oriental constituye un lugar muy interesante tanto para el colono, como para el viajero o el cazador. Pero el reino de Uganda es un cuento de hadas. Con sólo trepar por una vía férrea, en vez de hacerlo por un tallo de habichuela, descubres un mundo de ensueño. El paisaje es diferente, la vegetación es diferente, el clima es diferente pero, sobre todo, la gente es diferente a la que se puede ver en cualquier otra zona de África. Ya no estamos en las frescas tierras altas sino en un paraíso tropical. En lugar de recibirnos un grupo de salvajes desnudos y pintados, entrechocando lanzas y farfullando cánticos ante sus jefes tribales, se presenta una completa y seleccionada legación política. En este fértil territorio situado entre los lagos Alberto y Victoria, gobernado por un monarca que dispone de parlamento propio y de un poderoso y bien organizado sistema feudal, convive una afable comunidad decorosamente vestida, inteligente y educada. Más de doscientos mil nativos saben leer y escribir y los que han abrazado la religión cristiana superan ya los cien mil. Existe una corte —con sus regentes, ministros y nobles— y un sistema establecido de leyes y tribunales; hay industria, disciplina, paz y cultura. De hecho, me pregunto si existirá algún otro lugar en la tierra donde las esperanzas y utopías de los negrófilos, a menudo desmentidas por los acontecimientos, hayan llegado a alcanzar tan perfecta realización.

Tres autoridades independientes, todas ellas poderosas y benéficas, ejercen el control sobre la población del Reino de Buganda*. La primera es el poder imperial, laico, sabio, ecuánime e ineludible; la segunda, el Gobierno y los señores feudales nativos que, sin caer en el abuso, mantienen toda su influencia; por último, una red misionera muy bien organizada. Al amparo de la bandera británica, protegido de las amenazas externas y los disturbios internos, el rey niño se encamina hacia una instruida y prudente madurez. Rodeado por los mandatarios del estado, preside las asambleas del Consejo de Ministros o del Parlamento y rinde culto a Dios en la enorme catedral techada de paja que ha sido erigida en Namirembe Hill. Los señores feudales, contenidos en sus excesos tiránicos y guiados por un poder exterior que garantiza sus derechos, ejercitan las funciones propias de su posición. El pueblo, aliviado de los rigores y el desorden de tiempos no muy lejanos, muestra una gran capacidad de sumisión y aprendizaje. Innumerables colectivos de devotos cristianos, movidos por un mismo sentimiento de caridad aunque de diversas iglesias y nacionalidades, conviven con estos indígenas año tras año, armados de paciencia y entusiasmo, con el fin de atender a sus necesidades espirituales y ampliar tanto su educación como sus valores cívicos y morales.

Esa elegancia de modales que se desprende de la ingenua sencillez impregna a todas las clases sociales. Un elaborado ritual de amables saludos alivia la monotonía en la jornada del caminante. Los nativos rinden obediencia a la autoridad establecida, sin por ello denotar servilismo ni pérdida de dignidad, se muestran ávidos de adquirir conocimientos y poseen grandes facultades de observación y mimetismo. Por otro lado, todo el país es una especie de hermoso jardín donde los alimentos básicos crecen sin apenas exigir cuidados y cualquier producto puede ser cultivado con más facilidad y rendimiento que en ningún otro sitio. La riqueza del suelo deja maravillados incluso a los colonos de las fértiles islas de las Indias Occidentales. El algodón

* Buganda: antiguo reino afincado en la ribera sur del lago Victoria que pertenece actualmente a Uganda.

crece por doquier. Todo tipo de árboles y plantas —caucho, fibra, cáñamo, canela, cacao, té, café, coca, vainilla, naranjos, limoneros, ananás— nacen de forma espontánea o a través de la trasplantación. En cuanto a los productos hortícolas ingleses, florecen y fructifican de un modo tan desmesurado al entrar en contacto con el suelo de Uganda que parten el corazón de pura dicha. ¿No suena esto a paraíso terrenal? Intentemos observarlo con más detenimiento.

El *Clement Hill*, un sólido barco que lleva el nombre de un famoso explorador africano, nos ha transportado plácidamente y sin tropiezos por el norte del lago Victoria hasta el muelle de Entebbe, donde hemos atracado al atardecer. La primera imagen que ofrece la ciudad al visitante, recién llegado de Kavirondo, es el espectáculo de cientos de nativos cubiertos por largas e impecables vestiduras blancas, que llevan con dignidad y elegancia. En el desembarcadero se ha construido una especie de pabellón al que acuden delegaciones de la Cámara de Comercio —una reducida organización de europeos—, de la comunidad de Goa y de la numerosa colonia de comerciantes indios. Una *tonga** tirada por dos mulas me traslada a la residencia del gobernador; una vez allí, me conducen a una amplia terraza, a prueba de mosquitos, que me ofrece un delicioso panorama de los alrededores. Por todas partes crecen profusamente árboles y plantas de una belleza extraordinaria. A lo lejos, tras el manto de flores en tonos violeta, púrpura, amarillo o carmesí y los campos de uniforme césped verde, resplandece con toda su hermosura el inmenso lago azul. Las colinas y las islas que se ven en el horizonte empiezan a teñirse de carmín a la luz del sol poniente. El aire es apacible y fresco. Si no fuera porque, en realidad, este paisaje responde más bien al perfil geográfico de Inglaterra, uno se podría imaginar en la Riviera. Pero parece demasiado bueno para ser real.

De hecho, *es* demasiado bueno para ser real. Resulta difícil creer que tan atractivo paraje pueda estar regido por malvados designios. Sin embargo, todo lo dicho sobre el Protectorado del África Oriental es

* *Tonga:* vehículo liviano de dos ruedas para transportar a cuatro personas como máximo.

aplicable a Uganda. Sólo que en este caso se plantea un contraste entre apariencia y realidad todavía más llamativo y cruel. Tras su rutilante máscara, Entebbe oculta una cara siniestra. Esas risueñas islas que adornan y matizan la apariencia del lago, albergaban una vasta población hasta hace pocos años; hoy día, en cambio están desoladas. Todos los blancos del lugar parecen sufrir una especie de indefinible opresión. Los cortes no se curan, los rasguños se infectan y cuando se permanece aquí más de tres años, hasta la más nimia herida se convierte en una úlcera supurante. Un día uno se siente bien; al otro día, sin razón aparente, está postrado con un tipo de malaria muy resistente que, al tercer o cuarto ataque, suele degenerar en paludismo. Entre la pequeña comunidad europea de Entebbe se han producido recientemente dos casos de suicidio. Ya sea debido a la altitud, como ya he sugerido en el caso del África Oriental, a la verticalidad de los rayos del sol ecuatorial, a los insectos o a otra causa más sutil, parece existir un solemne veto a la residencia permanente del blanco en esta hermosa morada.

A menudo se ha abogado por el abandono de Entebbe como capital administrativa y la restauración de la sede del Gobierno en Kampala. Pero las inversiones requeridas para trasladar las oficinas gubernamentales y los edificios recién construidos a otro sitio, exceden con mucho a los recursos disponibles, aparte de no figurar ésta entre las necesidades más urgentes del Protectorado de Uganda. De todos modos, se están poniendo en práctica medidas sanitarias básicas en toda la zona. Los árboles y arbustos, que contribuyen tanto a su pintoresco aspecto, han sido extirpados y con ellos, *mirabile dictu*, han desaparecido los mosquitos y las moscas tsetsé. Aunque en torno al asentamiento, a una milla de distancia apenas, crecen arboledas en las que el solo hecho de entrar puede suponer la muerte, el área deshabitada se distingue ahora con más nitidez.

Por otro lado, y en lo que concierne a los europeos, la insalubridad general del país no se limita a Entebbe sino que, en mayor o menor grado, está presente en todo el territorio; Kampala, desde luego, no constituye ninguna excepción. Existe, además, una razón de otro tipo por la que se debe impedir de forma tajante el regreso de la sede gubernamental del Imperio a la capital indígena. Uganda posee su propia organización estatal. El hecho de trabajar para y con su Gobierno es la causa, en gran medida, del privilegiado trato que nos dispensa su población. Y si ese Gobierno se viera ensombrecido por la inmediata proximidad de una autoridad superior, no cabe duda de que correría el riesgo de perder, si no toda, al menos una gran parte de su propia identidad cultural.

Para ser un nuevo asentamiento en un territorio casi inexplorado, Entebbe ofrece múltiples y evidentes muestras de progreso. Las laderas cercanas a las orillas del lago aparecen cubiertas de bonitos chalets rodeados por exuberantes jardines. Hay un excelente campo de golf y una agradable y brillante vida social. A cargo de toda la vigilancia se encuentran los sijs. Existen dos compañías de soldados de dicha religión —una en Entebbe y otra en Kampala— que, por ser totalmente inmunes a cualquier tipo de influencias locales, configuran lo que Mr. Gladstone solía llamar el "músculo motor" de la autoridad imperial. Siempre me han parecido admirables los sijs que he conocido en la India, tanto en los cuarteles como en el campo de batalla. Pero el hecho de verlos a seis mil millas del Punjab, con su grave expresión enmarcada por el turbante y su grácil figura militar firme junto a su rifle velando por los intereses británicos, todavía parece impresionar más la vista y la imaginación. Se trata de selectos voluntarios, escogidos entre todos los regimientos, que disfrutan de este país, prosperan bajo el —para ellos— cálido sol, viven de la nada, ahorran la mitad de su paga, que es el doble de la habitual, y regresan a la India enriquecidos y orgullosos de haber prestado servicios al otro lado del océano. Si en algún momento, debido a consideraciones económicas o a la búsqueda de una total homogeneidad entre las fuerzas militares del Protectorado, se procediera a la disolución o despido de estas dos compañías, quienes adoptasen personalmente tal decisión asumirían una responsabilidad que muy pocos estarían dispuestos a compartir.

En lo que concierne a los seres humanos, el actual poder británico en estas tierras se encuentra más allá de toda discusión. Ningún hombre puede eludirlo. Pero nos enfrentamos a un nuevo enemigo que no se debe ignorar. Los insectos han salido en defensa de Uganda. Incluso parece que la llegada de los blancos, con el aumento del movimiento y la actividad que ha generado su presencia, ha despertado la maligna actividad de estos formidables corpúsculos. El temido *espirilo* ha comenzado a infectar las carreteras como un diminuto salteador de caminos, sin que apenas exista ninguna precaución eficaz contra su picadura. Esta pestilente criatura parda, con la forma y tamaño de un guisante plano, es un tipo de ácaro que, cuando pica a un individuo infectado, no contrae la enfermedad ni la transmite directamente a otras personas. Por un malvado designio de la naturaleza, su poder no lo ejerce él sino sus descendientes, que se elevan a centenares y propagan la peste en incalculable progresión. Aunque la fiebre no sea mortal, resulta muy dolorosa durante su desarrollo y produce secuelas inquietantes. Al principio se experimentan cinco o seis ataques separados y sucesivos que llegan a provocar hasta 40° de temperatura; a continuación, los ojos y los oídos se ven afectados por una pasajera parálisis facial. Una carretera tras otra han sido infectadas por este azote y un funcionario tras otro van cayendo enfermos a medida que se trasladan de lugar en acto de servicio. El único método preventivo garantizado parece ser la supresión de todos los refugios y terrenos de acampada, junto con el establecimiento, en todas las carreteras, de una red permanente de cabañas de piedra, adecuadamente mantenidas y desinfectadas, donde el viajero pueda protegerse del latente peligro. Y esto tiene que hacerse.

Pero una sombra mucho más terrible se cierne sobre el Protectorado de Uganda. En julio de 1901 un médico del hospital *Church Missionary Society*, de Kampala, atendió a ocho personas afectadas de una misteriosa enfermedad; seis meses más tarde comunicaba que la nueva dolencia ya había provocado la muerte de más de doscientas personas y el contagio de millares de nativos entre la población de la isla de Buvuma. La pestilencia se propagó rápidamente por los distritos que rodean el lago produciendo una tremenda mortalidad. Nadie tenía ni idea sobre el origen ni la causa de un mal que resistía toda clase de tratamientos y parecía ser fatal para todo el mundo. De inmediato se llevaron a cabo diversas investigaciones científicas pero, durante mucho tiempo, no se obtuvo ningún resultado; mientras tanto, como fuego avivado por el viento, la enfermedad recorrió las islas y costas del gran lago. A mediados de 1902, las muertes declaradas por *tripanosomiasis* o "enfermedad del sueño", como también se la ha denominado, se elevaban a más de treinta mil. Continuaba propagándose por todas partes a gran velocidad y, sin embargo, no se tenía ninguna pista sobre un posible tratamiento preventivo. Se daba por descontado que toda la población de los distritos afectados estaba condenada a morir.

El 28 de abril de 1903 Colonel Bruce, cuya colaboración en las investigaciones sobre la "enfermedad del sueño" se había conseguido a través de la *Royal Society*, dio a conocer sus conclusiones: la causa de la dolencia era una variedad de tripanosoma que se contagiaba entre las personas a través de la picadura de un tipo de mosca tsetsé llamada *Glossina palpalis*. Su teoría se basaba en el hecho de que la dolencia parecía estar circunscrita a las localidades infectadas por la mosca; de manera que fue posible definir con precisión las zonas contaminadas y se averiguó que no solían comprender una distancia superior a las dos millas a partir del lago. Esta noticia, como se puede imaginar, causó una gran consternación en la sociedad blanca pues los europeos ya no se podían considerar inmunes a la enfermedad; la mayoría de ellos había sufrido picaduras de mosca tsetsé en un momento u otro, pero la cuestión de si se trataba de un insecto de esa variedad y, en concreto de un ejemplar infectado, quedaba en suspenso. Además, estas moscas abundaban de tal manera en las orillas del lago que su destrucción masiva parecía imposible de llevar a cabo. ¿Qué se podía hacer?

Durante una temporada el reciente descubrimiento mantuvo casi paralizada cualquier medida preventiva o restrictiva. Entretanto, la plaga se propagó sin cortapisas. A finales de 1903 el número oficial de víctimas ascendía a más de noventa mil y las orillas del lago estaban quedando desiertas. Pueblos enteros resultaron completamente exterminados y vastas áreas de Usoga, que habían sido famosas por su desarrollado nivel de agricultura, volvieron a convertirse en bosque. La debilidad de los afectados y el terror o la apatía de los supervivientes favorecieron un súbito aumento en el número de feroces leopardos que acudían a los pueblos para cebarse con audacia e impunidad en muertos, moribundos y vivos.

Nuevos estudios, impulsados con tesón en diversas direcciones, revelaron la existencia de la mosca tsetsé en enormes áreas. En el interior de Usoga, en las riberas de numerosos ríos y pantanos y en las orillas de los lagos Eduardo y Alberto, se descubrieron auténticas nubes de esas emisarias de muerte esperando el momento de difundir su mensaje. Todo lo que necesitaban para asumir su letal poder era la llegada de una sola persona infectada con el microbio. Las orillas del Alberto y diversas áreas del Alto Nilo se transformaron de inmediato en centros de pestilencia. En Unyoro hubo miles de víctimas. A finales de 1905, en las regiones azotadas por esta plaga se contabilizaron más de doscientos mil muertos, *entre una población total que no habría excedido los trescientos mil habitantes.*

Hasta la fecha, cualquier disminución de la mortalidad en un determinado distrito no parece causada por la menor virulencia de la enfermedad, sino simplemente por el descenso del número de posibles víctimas debido al gradual exterminio de la población. En Buvuma, por ejemplo, una de las islas más prósperas hace unos años, quedan menos de catorce mil habitantes de los treinta mil que llegó a tener. En algunas de las islas del archipiélago Sesse no ha sobrevivido ni un alma, mientras que en otras, unos cuantos nativos moribundos se arrastran en los últimos estadios de la enfermedad como únicos representantes de una población que fue en el pasado muy prolífica.

El gobernador de Uganda, Sir H. Hesketh Bell, a quien tanto debo por sus inestimables informaciones a este respecto, dejó escrito: «Aun teniendo en cuenta la incapacidad demostrada por los nativos para entender la teoría sobre la transmisión de la plaga a través de los insectos, cabría pensar que el evidente carácter mortífero de las regiones próximas al lago debiera haber provocado el abandono de las tierras afectadas y la huida hacia distritos del interior más saludables, donde poder refugiarse de la pestilencia que los estaba diezmando por miles. Sin embargo, es como si un extraordinario fatalismo hubiera paralizado a los indígenas que, sin dejar de lamentar la tragedia de su destino, parecen haber aceptado la muerte con una cierta apatía».

Los refuerzos científicos, si bien llegaron con retraso al escenario de la tragedia, han comenzado a seguir pistas convergentes. En este momento se están llevando a cabo investigaciones terapéuticas sobre el origen y tratamiento de la dolencia, exámenes entomológicos del historial, recursos, peligros y hábitos de la mosca, a la vez que se adoptan drásticas medidas administrativas. Los conocimientos sobre la materia se van acumulando. Combatir la enfermedad del sueño es como pretender conjurar a un vampiro. Para que la maldición opere han de concurrir cinco elementos distintos: agua, arbustos, árboles, la mosca tsetsé (*Glossina palpalis*) y una persona infectada. Eliminando uno de estos factores, el hechizo desaparece; por el contrario, si se les permite permanecer unidos, el exterminio de toda la población está asegurado, es sólo una cuestión de tiempo.

La política desarrollada en la actualidad por el Gobierno de Uganda está basada en el descubrimiento de estos hechos. Dondequiera que sea preciso —en las orillas de las zonas de ribera como Entebbe, Munyono, Ripon o Fajao—, se elimina o destierra a la mosca tsetsé talando los árboles, desbrozando el matorral y plantando en su lugar la vigorosa hierba *citronela* que crece rápidamente y, una vez arraigada, resiste bien ante la vegetación invasora. En las márgenes, donde no sea posible eliminar a las moscas, habrá que desterrar a los humanos. De hecho, la excepcional medida de trasladar poblaciones enteras desde sus aldeas tradicionales a nuevos asentamientos —a menudo en contra de la voluntad de sus habitantes— se puso en práctica el año pasado a través del esfuerzo conjunto de esos tres importantes poderes que, desde tantos puntos de vista, regulan la libertad y la vida de la comunidad bugandesa.

Esto no implica que las orillas del lago deban ser abandonadas de forma definitiva. En un plazo muy corto —algunos sostienen que dos días y otros, once horas— la mosca infectada se libera del veneno y ya no puede transmitirlo; por tanto, una vez que la enfermedad haya sido completamente erradicada, las personas sanas podrán retornar y sufrir picaduras con total impunidad. Al mismo tiempo, a no ser que se descubra un remedio aplicable en gran escala, no cabe esperar que la mortalidad disminuya de modo radical en un futuro inmediato, pues todavía quedan miles de personas contagiadas a quienes sólo se puede tratar con los recursos disponibles en nuestra sociedad, es decir: atención al enfermo, cuarentena y caridad.

Aun así, lo más importante, ante todo, es no dar nada por perdido. Las investigaciones que se están realizando en numerosos laboratorios, lideradas en su mayor parte por el doctor Robert Koch, pueden descubrir la solución terapéutica definitiva en cualquier momento. Parece que el contacto fatal entre personas infectadas y moscas sanas o entre moscas infectadas y personas sanas, se puede prevenir con eficacia a través de las medidas administrativas vigentes. Es inevitable seguir averiguando nuevos pormenores sobre la mosca tsetsé. Ese humilde tábano negro, indistinguible para el observador profano de otros tipos inofensivos, excepto porque sus alas se pliegan a la perfección como un par de tijeras cerradas en lugar de sesgarse hacia los lados, se encuentra sometido a una brillante, intensa y despiadada observación. ¿Quiénes son sus enemigos y cuáles sus riesgos? ¿Qué condiciones resultan imprescindibles para su desarrollo y cuáles adversas o fatales? Ahora mismo existen comisiones internacionales que debaten sobre el insecto en despachos oficiales, serios científicos que lo escudriñan pacientemente a través de sus microscopios y diligentes funcionarios que peinan toda África central para poder situarlo en los mapas. A su alrededor se está tejiendo una red muy fina sin escrúpulo alguno. ¿Pero no sería posible buscar algún aliado en esta implacable e insólita guerra? Existen peces que devoran mosquitos, pájaros que se nutren de moscas y plantas que, sólo con su olor o su presencia, perjudican o repelen a ciertos tipos de insectos. ¿En qué lugares y durante cuánto tiempo continuará la mosca tsetsé sobrevolando la suave y reluciente superficie del agua, como suele hacer, justo por encima de las cañas o los arbustos y por debajo de las ramas colgantes de los altos árboles? *¡Glossina palpalis contra mundum!*

Al describir la fertilidad y belleza de Uganda, no he querido ocultar sus peligros. Los fuertes contrastes entre sus tierras, sus honradas posibilidades, sus odiosas dolencias, su prodigalidad tanto respecto a la vida como a la muerte, podrían ser ilustradas con más hechos y ejemplos de los que sería posible enumerar aquí. No obstante, la obligación y el sagrado deber de Gran Bretaña consisten en implicarse personalmente en la protección de la comunidad bugandesa —confiada, inteligente y dócil— frente a las amenazas que, por el motivo que sea, han surgido coincidiendo con nuestra llegada a su territorio. Mientras tanto, debemos garantizar el triunfo de la ciencia y el orden de modo que, al final, John Bull* pueda ser el auténtico dueño de su exótico jardín, iluminado por el benéfico sol y ensombrecido por el mortal beleño.

* John Bull: estereotipo clásico del inglés común reflejado tanto en la cultura popular como en obras literarias.

VI Kampala

Tras dos días de estancia en Entebbe, me trasladé a Kampala acompañado del gobernador. Unas veinticuatro millas separan la nueva capital administrativa de la antigua. La carretera, aunque sin pavimentar, discurre sobre una gravilla tan firme y suave —casi pulida por las lluvias— que, con excepción de ciertos tramos, es perfecta para circular en bicicleta, un excelente medio de transporte en esta zona, e incluso en automóvil. En ese momento los coches oficiales, que ahora ya funcionan con regularidad, no habían llegado aún y era habitual viajar en *rickshaw*. Montados en ese ligero carruaje de dos ruedas similares a las de una bicicleta, que es arrastrado por un hombre situado entre las pértigas e impulsado por otros desde atrás, viajamos a más de seis millas por hora con suma comodidad.

Los jóvenes que empujaban los *rickshaws*, vestidos con inmaculadas túnicas blancas y gorras rojas, se relevaban cada ocho millas en el cumplimiento de una tarea que llevan a cabo de una forma muy peculiar. Tan pronto como los viajeros se acomodan en el carruaje, acometen su labor entonando una letanía, siempre variada pero absolutamente interminable, que, si bien dificulta su respiración, les sirve sin duda para elevar el espíritu. «Burrulum», gritan los que empujan. «Huma», les responde el que tira. «Burrulum», repiten los primeros, y así continúan sin cesar ni un solo momento. Estos cánticos tienen un significado específico pero, si los porteadores encuentran al viajero muy pesado o son conscientes de que ignora su idioma, no siempre le facilitarán la traducción correcta. La frase que he citado significa "hierro sobre madera"; el hierro representa la fuerza y habilidad de los europeos que, aun siendo superior, no puede funcionar sin la madera, símbolo del trabajo y temple de los nativos. Estos irreprochables sentimientos no ofrecen en sí mismos nada que objetar; sin embargo, a fuerza de repetición, llegan a perder su encanto. Así pues, tras media hora de "Burrulum" y "Huma", me sentí impelido a preguntar a los recitadores si no podrían arreglárselas para transportarnos en silencio. Hicieron lo posible por complacerme pero, poco después, al darme cuenta de que no se sentían a gusto, por lástima, y también para que aceleraran el paso, les alcé la prohibición; al instante reiniciaron el coro con júbilo, en una nueva y más elaborada variante.

Los bugandeses poseen, hasta cierto punto, unos modales ceremoniosos. Sir Harry Johnston acierta de lleno al describirlos como "los japoneses de África". Si le dices "buenos días" a un extraño en una carretera inglesa, es probable que la sorpresa le haga adoptar una actitud defensiva; cuando se encuentran dos bugandeses, por el contrario, en cuanto están lo bastante cerca como para oírse, empiezan ya a saludarse. «¿Cómo estas?» grita uno. «¿Quién soy yo para que te molestes en averiguarlo?» contesta el otro. «Aun siendo humilde como soy, me he atrevido a preguntártelo», replica el primero. «Pues dime primero cómo estás *tú*», continúa el segundo. «Mucho mejor ahora por el honor que me acabas de conceder» es la respuesta que recibe. A estas alturas ya han pasado uno al lado del otro y sólo les queda el tiempo justo para exhibir la típica amabilidad parta. «El honor es mío, y lo guardaré en el corazón», y terminan su mutuo saludo con un largo, trémulo y bien modulado «A-a-a's» de contento y buena voluntad que, mientras se va desvaneciendo en la distancia, no deja a ninguno ni mejor informado ni en peor situación. Debo añadir, para advertencia del lector, que el diálogo referido no constituye un ritual invariable. Las frases pueden variar *ad infinitum* según la ocasión, pero bastarán como ejemplo de la cordialidad de sus saludos por los caminos.

Si deseas hacer a un bugandés completamente feliz sólo necesitas decirle "*way wally*", que significa algo así como "bien hecho" dicho de todo corazón. Tan pronto como esta frase mágica sale de tu boca, es muy probable que el nativo a quien va dirigida se postre de rodillas y, juntando las manos, las balancee de un lado a otro como si estuviera tocando una concertina sin dejar de exhibir una brillante, bondadosa y compulsiva sonrisa a la vez que ronronea «A-o, a-o, a-o» como diciendo «mi copa de felicidad rebosa». Dado que en nuestra mentalidad no encaja el hecho de que un hombre se arrodille ante otro, uno se siente incómodo en esta situación; pero no por ello se debe pensar que esta acción, tal y como la ejecuta el bugandés, signifique o conlleve ningún tipo de servilismo. En realidad, se trata de una cuestión de buenos modales que no pretende tener ningún otro significado. Una vez que te has acostumbrado a verlos en esa postura, no piensas que pierdan su dignidad en absoluto sino que más bien se ganan tu corazón.

La carretera de Entebbe a Kampala discurre a través de un delicioso territorio. A lo largo de todo su recorrido se acaba de colocar una doble hilera de plantas de caucho y, más allá, se observan a ambos lados anchas franjas de preciosos algodoneros, con sus flores amarillas y cápsulas de color blanco rosado. De hecho, el algodón de altura americano que se cultiva en Uganda alcanza un precio más alto en el mercado de Manchester que el procedente de Estados Unidos; además, se podría plantar sin ninguna dificultad en la mayor parte del país; su cultivo extensivo sólo exigiría un poco de organización y… dinero.

Pero había olvidado que estamos circulando a gran velocidad por la carretera de Kampala y ya tenemos la ciudad casi al alcance de la vista. Casi, pero no del todo, pues, para decir la verdad, ningún viajero ha visto jamás Kampala. Las viviendas y edificios gubernamentales destacan nítidamente recortados en la cumbre de una colina; en otra, la residencia del rey y las de sus ministros; en una tercera, se alza la catedral protestante y en otra, la misión católica; sobre una quinta loma se distingue el monasterio de los monjes blancos. Pero Kampala, la morada de unas sesenta mil personas, resulta siempre invisible. La ciudad entera se halla escondida bajo el follaje de innumerables plantaciones de plátanos que, aparte de proporcionar cobijo y sustento al pueblo, protegen sus diseminadas cabañas ocultándolas por completo bajo su fronda.

Todavía nos hallábamos a tres millas de esa "ciudad jardín" cuando dio comienzo la recepción local. A lo largo de un cuarto de milla avanzamos entre filas de nativos pintados de blanco que, reunidos por sus jefes, aplaudían en señal de bienvenida. Por fin, nuestra procesión de *rickshaws* llegó a un montículo, situado al borde de la carretera, sobre el que se erigía una hermosa tienda, hecha con sólidos tallos de espadaña entretejidos de una curiosa forma, como si fueran finas y pulidas cañas. El rey y su impresionante séquito de notables descendieron a nuestro encuentro por un camino alfombrado de arbustos que bajaba desde la cima del cerro. Daudi Chewa, el monarca o *kabaka* de Uganda, es un agraciado y distinguido niño de once años de edad. Vestía con naturalidad un flotante manto negro, festoneado de oro, y un pequeño gorro blanco con un ribete dorado. A su alrededor se encontraba el Consejo de la Regencia y a su derecha permanecía el primer ministro, Sir Apolo Kagwar, un imponente hombre de aspecto decidido con una túnica de encaje dorado y carmesí sobre la que resplandecían numerosas condecoraciones, varias medallas de guerra británicas y la Orden de San Miguel y San Jorge.

Nos estrechamos las manos y enseguida nos condujeron al pabellón donde, sentados en sillas de mimbre, estuvimos comiendo dulces de jalea mientras charlábamos. El rey, exquisitamente educado por un tutor británico, entiende y habla un inglés bastante correcto pero, en esta ocasión, se mostró demasiado tímido como para decir mucho más que "Sí" o "No" en un bajo y agradable tono de voz; de manera que la solemne entrevista pronto se dio por finalizada.

Toda la tarde transcurrió entre ceremonias. Como el comisario de Uganda tenía que jurar el cargo de gobernador, puesto al que lo acababan de ascender, asistimos a un desfile de tropas encabezado por la compañía de sijs y que contó con la participación de unos quinientos o seiscientos soldados de elegante porte. Hasta la caída de la noche no pudimos acercarnos a la Royal Hill para visitar al *kabaka*. Nos recibió en la sede del Parlamento, una espaciosa y bella construcción de hierba donde se hallaban reunidos unos setenta líderes y otros notables de la comunidad. El pequeño rey estaba sentado en el trono con sus súbditos agrupados enfrente y alrededor. Tras ofrecernos asiento al lado del monarca, el primer ministro nos explicó que los guerreros iban a mostrarnos la ceremonia de juramento a su jefe. Acto seguido, uno de los más dignos y solemnes consejeros avanzó hasta el centro de la estancia y se tiró en el suelo boca abajo vertiendo a la vez un torrente de votos de lealtad. Al cabo de unos minutos se levantó, sin interrumpir la letanía de su juramento, y se puso a blandir las lanzas, ejecutando su danza con mayor pasión cada vez hasta que, una vez alcanzado el clímax, abandonó corriendo el recinto con el propósito de abatir en su exterior a los enemigos del rey. Hasta que volvió al cabo de un momento, digno, sereno y satisfecho, y observé su alegre sonrisa y la hilaridad de los presentes, no me di cuenta de que "sólo estaba fingiendo"; la ceremonia había sido una mera representación ofrecida en nuestro honor.

Este suceso me parece significativo ya que ilustra la rapidez con la que el pueblo bugandés está dejando atrás su pasado. Ya empieza a burlarse de sus antiguas costumbres. Ceremonias que hace veinte años poseían un solemne y terrible significado, son representadas hoy día con el mismo espíritu con que los ciudadanos de Coventry recrean el paseo a caballo de Lady Godiva*. Al día siguiente ocurrió lo mismo con la danza de guerra. Dos mil o tres mil hombres, desnudos y con pinturas de guerra, se estuvieron agitando frenéticamente de un lado a otro, al son de sus resonantes tambores y de su primitiva música, dando numerosas muestras de exaltación y hasta de desvarío. Sin embargo, minutos más tarde, ya se reían unos de otros con cierta timidez y nos hacían reverencias como si fueran verdaderos actores frente al público; el primer ministro, por su parte, pro-

* Lady Godiva: noble inglesa del siglo XI que, según la leyenda, cabalgó desnuda por el mercado de Coventry para obtener de su esposo la exención de tributos para la ciudad.

nunció un discurso para explicarnos que la ceremonia sólo consistía en una representación de los malos tiempos del pasado, realizada para nuestro deleite. De hecho, están ya tan poco acostumbrados a llevar armas que uno de cada diez guerreros no pudo encontrar lanza para armarse y algunos salieron al escenario con palos y otros objetos procedentes del tablado.

Incluso se nos ofreció una escena cómica: dos guerreros salieron llevando atado por la cintura a un tercero que lucía unas pinturas ridículas. Se trataba, según nos contaron, del "hombre más valiente del ejército" a quien debían contener para que no acudiera a la batalla antes de tiempo. No me resulta fácil describir el ambiente de buen humor y sana diversión que presidía estas curiosas representaciones ni valorar el progreso intelectual que implicaba esta nueva actitud de los indígenas.

El kabaka nos llevó a tomar el té a su casa, un cómodo edificio de estilo europeo, más bien pequeño y humilde, pero provisto de bonitos muebles y decorado con conocidas láminas inglesas y retratos de la reina Victoria o del rey Eduardo. El joven fue superando su timidez poco a poco y acabó revelándome que su diversión favorita era el fútbol y que su conocimiento de las matemáticas alcanzaba el nivel exigido para la obtención del Certificado General, un nombre que nunca dejó de traerme desagradables recuerdos de mis tiempos escolares. También es capaz de redactar una carta en un correcto inglés y de montar un buen poni; con toda probabilidad, llegará a ser un hombre culto y educado. En general, resulta un espectáculo muy agradable encontrar en el corazón de África —entre tanta barbarie, violencia y miseria— esta isla de tranquila civilización y modales refinados.

El día siguiente fue una peregrinación sin fin. Ya he dicho que Kampala se encuentra esparcida por las faldas de varias lomas y escondida bajo el follaje de los platanales. Cada colina posee sus propios habitantes, dedicados todos a un determinado propósito. Cada una de las misiones cristianas dispone de una loma en particular y sus miembros, en los tiempos difíciles, no consideraban que una pistola Maxim fuese un instrumento inapropiado para llevar a cabo la evangelización.

Así y todo, sería una injusticia responsabilizar a los misioneros de haber originado las rivalidades y conflictos que convulsionaron Uganda hace doce años. La casualidad de que la línea divisoria entre la zona de influencia francesa y la británica coincidiera con la que separaba a los conversos católicos de los protestantes, prestó un cariz religioso a lo que, en el fondo, era sólo una feroz lucha política. Por fin ya se han acabado de forma definitiva los disturbios. La llegada al escenario de una misión inglesa católica ha impedido que las rivalidades nacionales y las diferencias religiosas se sigan exacerbando mutuamente. La instauración de un gobierno estable y el esclarecimiento de todos los interrogantes sobre el futuro del país han conducido a un radical descenso de los conflictos armados entre estos piadosos hombres, comprometidos por igual en una noble causa. No sólo son cordiales las relaciones entre las diferentes misiones cristianas, sino que el Gobierno de Uganda, lejos de contemplar la iniciativa misionera con amarga desconfianza, reconoce los inestimables servicios que ha prestado en el pasado, y sigue prestando a diario, a la comunidad nativa, de modo que la relación actual entre ambos es excelente.

Impulsado por el deber, escalé una colina tras otra para intentar familiarizarme con la labor de las misiones en Kampala. Su existencia influye en todo tipo de actividades éticas y sociales. Aparte de su labor espiritual, que no se trata de promocionar aquí, los misioneros han creado, y siguen manteniendo, todo el sistema educativo del país. Han construido excelentes escuelas y están enseñando a leer y escribir en su propio idioma a miles de jóvenes nativos. A lo largo de todo el estado se encuentran comunidades de misioneros que constituyen verdaderos centros de carácter filantrópico y cristiano. Existen modernos hospitales atendidos por competentes médicos, enfermeros y hermanas de la caridad, que permanecen en contacto con todas las misiones. El más importante de ellos, perteneciente a la *Church Missionary Society*, es un modelo de lo que debe ser un sanatorio tropical para indígenas. En la actualidad se está perfeccionando la formación técnica de estos servicios y, en ese sentido, es de suponer que el Gobierno se mostrará dispuesto a colaborar. No conozco ninguna otra parte del mundo donde la labor e influencia de las misiones hayan sido ejercidas de forma tan positiva o hayan llegado a alcanzar unos resultados más valiosos.

En Namirembe Hill, donde tiene su sede la *Church Missionary Society*, se alza una bonita catedral construida con materiales muy primitivos y provista de tres elevadas y pintorescas torres techadas de paja; es casi el único edificio de toda Uganda que ofrece un mínimo indicio de preocupación arquitectónica. En su interior me encontraba yo la tarde del 20 de noviembre asistiendo a la inauguración de una escuela secundaria para alumnos que, bastante avanzados ya en sus estudios, no podrían recibir la instrucción adecuada en los centros existentes hasta ese momento. Una nutrida concurrencia de africanos y europeos, perfectamente vestidos, se encontraba reunida en una estancia de considerable tamaño. Los escolares, apiñados en el suelo, formaban una compacta masa de jóvenes vestidos de blanco. El kabaka y Sir Apolo Kagwar, que tiene cinco hijos en la escuela, se hallaban en la tribuna. El gobernador presidía el acto y, tras el discurso pronunciado por el obispo, los estudiantes entonaron diversos himnos y melodías inglesas, con un ritmo y un tono notables. Resultaba increíble, al contemplar el mapa del Imperio Británico colgado en la pared, que todo esto pudiera estar sucediendo en un rincón situado al noroeste del lago Victoria.

Recorrimos en *rickshaw* las ocho millas de horrible carretera que separan Kampala de su actual puerto de Munyono, construido en las orillas del lago. Aunque se compone de poco más de un muelle y unos cuantos cobertizos, este lugar ofrece el ejemplo perfecto de los saludables efectos derivados del desbrozo. Las moscas tsetsé y los mosquitos han sido totalmente erradicados del área despejada, de modo que este terreno, considerado como una trampa mortal hasta hace un año, se ha convertido en una zona higiénica y segura. En la actualidad ya está en marcha el proyecto de un nuevo puerto situado a sólo cinco millas de Kampala y, una vez que esté conectado con la capital por una línea de tranvía monorraíl, como debe ser, parece lógico esperar un sustancial crecimiento del comercio.

Allí nos estaba esperando el *Sir William Mackinnon*, un venerable buque de la Marina de Uganda en el que partimos desprendiendo vapor sobre las tranquilas aguas del lago, a través de un archipiélago de hermosas islas —a cada cual más tentadora— actualmente desiertas a consecuencia de la enfermedad del sueño. Todo el día lo pasamos viajando por esas protegidas aguas y, ya por la tarde, las luces de Jinja nos guiaron hacia nuestro destino. Sin duda es admirable la suerte que condujo a Speke a su sensacional descubrimiento del canal que conduce a las fuentes del Nilo. En la orilla norte del lago Victoria existen unos quinientos golfos y estuarios que en nada se distinguen de aquél. El marino habitual no percibe ninguna corriente específica hasta llegar a pocas millas de los rápidos y, aunque la hipótesis sobre la existencia de una posible salida en la parte posterior de esta vasta extensión de agua dulce presentara muchas probabilidades de ser acertada, el explorador podría haber buscado ese punto concreto durante un año sin lograr encontrarlo. No obstante, Speke optó por dejarse ir a la deriva, impulsándose suavemente con los remos hasta que, de pronto, el murmullo distante de una catarata y la leve aceleración en el movimiento de su canoa lo arrastraron al tan buscado nacimiento del más maravilloso río del mundo.

Ya había caído la noche cuando desembarcamos en Jinja, así que no pude distinguir con claridad los preparativos que para nuestra recepción habían realizado los jefes locales y los comerciantes indios, que componían una considerable multitud. La oscuridad, que en otras circunstancias hubiera resultado decepcionante, nos ofreció la oportunidad de contemplar una de esas valientes hazañas que, tan a menudo, los representantes del pueblo británico están dispuestos a realizar. Cuando se procedía a desembarcar el equipaje en el muelle, un pobre culí se deslizó bajo el peso de su carga y al instante fue tragado por aquellas profundas aguas negras. De inmediato, como es natural, un joven funcionario del Departamento Político se arrojó tras él, en plena oscuridad y en medio de los cocodrilos, y lo pescó sano y salvo; una admirable acción que cuenta desde entonces con el reconocimiento de la *Royal Humane Society*. No me atrevo a asegurar que tan nobles principios, basados en la valentía y el respeto por la vida de un humilde nativo, sean los predominantes en cualquier otra parte de África.

Jinja está destinada a convertirse en un lugar clave para el futuro económico del África central. Situada en el punto donde el Nilo se separa del lago Victoria, se halla muy próxima a la vía fluvial de más directa comunicación con el Sudán y el lago Alberto; además, constituye el sitio ideal para el aprovechamiento de una gran cantidad de energía hidráulica. En los próximos años las riberas de esta espléndida bahía podrían estar coronadas por largas hileras de cómodas mansiones tropicales e imponentes oficinas y la garganta del Nilo, abarrotada de factorías y almacenes. Hay energía suficiente para desmotar todo el algodón y serrar toda la madera de Uganda, de modo que llegará a servir de base a uno de los principales emporios de productos tropicales. En estas circunstancias sería una lástima perjudicar a la ciudad imponiéndole un nombre extranjero. Parecería mucho más acertado bautizarla como Ripon Falls, el nombre de las bellas cataratas que se encuentran a sus pies y cuya fuerza le traerá algún día la prosperidad.

El atractivo de las cataratas Ripon las hace, sin duda, merecedoras de una visita. El Nilo brota del lago Victoria, una vasta superficie de agua casi tan ancha como el Támesis cuando pasa bajo el puente de Westminster, y casi inmediatamente su poderoso caudal desciende precipitándose por una escalinata de roca, de unos quince o veinte pies de profundidad, sobre la cual va formando suaves y arremolinadas lomas de agua verde. Resultaría muy sencillo aprovechar toda su fuerza haciendo que el río emprendiera su largo y benéfico viaje hacia el mar efectuando un gran salto a través de una turbina. Es posible que en ningún otro lugar del mundo baste una construcción tan nimia para embalsar una masa de agua tan inmensa. Dos o tres pequeños diques de isla a isla, a través de las cataratas, provocarían que, con un coste increíblemente reducido, todo el nivel del lago Victoria —una superficie de más de ciento cincuenta mil millas cuadradas— se elevara de forma gradual hasta seis o siete pies. Esta obra implicaría un incremento considerable de la energía hidroeléctrica disponible, una mayor profundidad en las aguas de la bahía de Kavirondo, lo que permitiría el acceso de barcos de mucho más calado y, por último, el mantenimiento de un nivel uniforme en el lago de forma que las inmensas áreas pantanosas de sus riberas, que dependiendo de la caída de las lluvias aparecen sumergidas o descubiertas, se convertirían en aguas limpias o terreno seco a disposición del hombre, aparte de provocar una incalculable destrucción de mosquitos.

Cuando se contemplan las bullentes aguas de las cataratas intentando calcular la poderosa energía que allí se desperdicia y que, sin embargo, está al alcance de la ciencia moderna, el problema de Uganda se plantea bajo una nueva perspectiva. Toda esa energía hidroeléctrica pertenece al estado. ¿Deberá ser cedida algún día a la iniciativa privada? Por otra parte, si un Gobierno no está preparado para actuar por cuenta propia, ¿hasta qué punto tiene derecho a vetar el camino a otros? Esta cuestión, en sus múltiples variantes, está aflorando en casi todas las grandes colonias de la Corona. Pero en el caso de Uganda los argumentos a favor de la propiedad estatal y la utilización pública de los recursos naturales de su territorio se revelan más poderosos y convincentes. Se trata de un auténtico estado indígena que no puede ser comparado a ninguna de esas colonias donde ya existe una población blanca establecida, ni tampoco a las que están habitadas por primitivas tribus nómadas. En cambio, sí se puede equiparar a los grandes estados de la India en los que la autoridad imperial es ejercida en nombre, y a menudo también a través, de un príncipe nativo y sus propios dignatarios.

Esta combinación de la inteligencia británica con la mano de obra indígena da como resultado una forma de gobierno aceptada, en general, por el conjunto de la población que, de este modo, no necesita asumir ningún cambio repentino o arbitrario en la apariencia habitual de las cosas. Pero el ejercicio de este tipo de gobierno implica un grado de complejidad y sutileza del que carecen los sistemas más simples y crueles. En tales circunstancias no puede quedar mucho espacio para el impulso y la expansión de las empresas mercantiles. El agresivo hombre de negocios —admirablemente adaptado al desenfreno de la competitividad en Europa o América— se vuelve una figura incongruente, e incluso peligrosa, cuando interfiere en el tranquilo y pausado progreso de un estado indígena. Tanto a nivel ético como material, el contacto con el lucrativo sistema moderno o con los expertos en lucrarse no favorecería en absoluto al africano. Un hombre que sólo actúa en función de los beneficios empresariales y a quien no se juzga sino por sus resultados financieros, no suele escoger precisamente el sistema más adecuado para tratar con los nativos bajo el sol del África central; por el contrario, una súbita incursión empresarial en los bosques y parques del país conlleva, en general, un sinfín de problemas y dificultades. Pero aun cuando esta clase de métodos pudiera facilitar un desarrollo más rápido de la zona, los beneficios obtenidos no revertirían ni en el pueblo ni en el Gobierno, para ser invertidos en nuevas industrias, sino en diversos individuos del otro lado del océano a quienes no preocupa en absoluto, sino a nivel comercial, el destino de estas gentes. No pretendo abogar por la exclusión arbitraria de las inversiones y sociedades privadas. Sin duda han de surgir ocasiones en las que, bajo una esmerada dirección y un firme control, este tipo de empresas pueda desplegar sus actividades. Pero los recursos naturales del país, en la medida de lo posible, deberían ser explotados por el propio Gobierno, aunque ello implique asumir la responsabilidad de nuevas funciones.

En efecto, sería difícil encontrar un territorio donde las condiciones sean más favorables que en Uganda para poner en práctica un estado socialista a nivel experimental. La tierra es generosa; la gente, pacífica y trabajadora. No existen grandes diferencias entre las clases sociales. Un artículo alimenticio básico satisface las necesidades de toda la población y se produce casi sin ayuda humana. No hay intereses europeos protegidos por ley que bloqueen el camino. No existe ningún otro lugar donde la administración disponga de tan amplios poderes para regular y dirigir las actividades de la gente. La superioridad de conocimientos de los legisladores es aplastante. Su control sobre los nativos se ejerce a través de casi todos los canales; aparte de las autoridades civiles —nativas y británicas— existe la labor educativa y espiritual de los misioneros que infunde calidez humana e inquietudes morales a la impasible maquinaria del estado.

El primer obstáculo, y quizá el más importante, al que se enfrenta el socialista europeo consiste en la elección de los gobernantes a quienes deben encomendarse esos tremendos poderes —en sentido positivo— imprescindibles para una sociedad comunista. Si fuera posible traer de un planeta vecino una raza de seres, fabricados a medida en el momento preciso, cuya superioridad práctica en cuanto a fuerza, ciencia, virtudes y sabiduría fuera tan obvia como para ser reconocida universalmente, desaparecería ese obstáculo y podríamos esperar con calma la decisión derivada de unas elecciones populares con todas sus ventajas e inconvenientes. Pero en ausencia de esta dispensa, la cuestión de cómo deben ser elegidos los representantes y, una vez elegidos, cómo pueden ser controlados y sustituidos sigue siendo el principal problema político, incluso en una fase en que las funciones del estado están, en general, restringidas a los modestos límites del *laissez-faire*.

En Uganda, no obstante, este problema no se plantea. El estamento de los legisladores es suministrado por un poder exterior tan lejano y superior a los indígenas, en cuanto a su capacidad de dirección, como lo serían los marcianos de Mr. Wells respecto a nosotros. La administración británica no defiende los intereses particulares de su *personnel*. Los funcionarios perciben sus salarios, eso es todo; pero no persiguen otro fin sino contribuir a la prosperidad del país y al bienestar de sus habitantes. En ningún otro sentido pueden obtener reconocimiento o fama. Ése es el único criterio que se tiene en cuenta a la hora de valorarlos. Además, el ejercicio de sus funciones está bajo la supervisión de una autoridad superior, especializada en esta clase de administración y responsable de ella ante un parlamento elegido por sufragio democrático. En ningún eslabón de la cadena de poder hay espacio para la flagrante ineficacia, el fraude o la corrupción.

Está claro que, respecto a las condiciones laborales de los trabajadores, se podría confiar al estado más poder del que nunca debería ser otorgado a la iniciativa privada. Los ciudadanos de todos los estados europeos han asumido la obligatoriedad del servicio militar para defender a sus respectivos países de ataques externos; en cambio, el bugandés, dispensado de esta cruel obsesión, no tiene más deber que el cultivo y desarrollo de la hermosa tierra donde vive. Y en caso de pretender organizar con criterios científicos, basados en la honradez y el humanitarismo, la actividad laboral de los nativos, invirtiendo todos los frutos de su trabajo en su propio beneficio y formación, no parece que se puedan encontrar unas condiciones más favorables que las existentes hoy día en Uganda.

Hasta cierto punto podría valer la pena poner en práctica tal experimento, aunque sólo fuese como preludio a materializaciones más generales de los principios del socialismo que se consideran tan necesarias en determinados ambientes.

VII "De safari"

Ahora sí que el lector debe consultar el mapa. Hasta aquí hemos viajado en tren y barco de vapor, con toda la potencia y velocidad de las comunicaciones modernas. Aunque hemos atravesado tierras desiertas y salvajes, lo hemos hecho montados en el vagón de un ferrocarril. Todas nuestras excursiones no nos han conducido sino por los caminos de hierro y hemos perturbado incluso a los leones con el ruido de la locomotora. Pero en las cataratas Ripon vamos a desprendernos de nuestra máquina. Nos desconectaremos del vapor y de todo lo que ello implica. Vamos a renunciar al impulso de un potente barco y a "cortar amarras" para remar durante cierto tiempo sobre una vasta superficie en una pequeña chalupa. Volvemos a Mombasa, en tres días de viaje cubriremos novecientas millas; a partir de ese punto seremos afortunados si recorremos cuarenta en el mismo periodo de tiempo. En este momento, el regreso es rápido y fácil. Dentro de una semana quizás sea imposible. Desde ahora seguir adelante significa irse abriendo camino.

En África se están construyendo amplias carreteras por doquier. A lo largo de casi mil millas, hemos seguido la que discurre desde el este hacia el centro. Gracias a los esfuerzos británicos, tanto en épocas de paz como de guerra, se ha abierto otra desde algún remoto lugar del norte. De Alejandría a El Cairo, de El Cairo a Wady Halfa, de Halfa a Berber, de Berber a Jartum, de Jartum a Fachoda, de Fachoda a

Gondokoro, un trayecto de casi tres mil millas en total, funciona un ininterrumpido servicio de trenes y vapores. Pero entre el embarcadero de Jinja y el de Gondokoro hay un amplio golfo totalmente desprovisto de puentes y aún quedan salvajes junglas sin conquistar, por las que el viajero debe arrastrarse con tesón a pie, en medio de continuas dificultades y nunca a salvo por completo. Ése es el golfo que ahora nos disponemos a cruzar.

La distancia entre los lagos Victoria y Alberto es de unas doscientas millas en línea recta y en constante descenso. El lago Victoria se encarama a una altura muy superior a la de los picos más altos de Inglaterra. Desde este vasto y elevado mar situado tierra adentro, las aguas descendentes del Nilo fluyen hacia el Mediterráneo por un canal de unas tres mil quinientas millas. La primera fase del viaje, y la que presenta la pendiente más acusada, la constituye el trayecto hasta el lago Alberto. Esta segunda extensión de agua que, salvo si se compara al lago Victoria, es impresionante —tiene más de cien millas de largo— se halla a una altitud de unos dos mil trescientos pies sobre el nivel del mar. De modo que, en sus primeras doscientas millas, el Nilo, con la pródiga imprudencia de su juventud, agota casi un tercio del impulso que guía su venerable recorrido. Sin embargo, este considerable descenso de unos mil doscientos pies lo lleva a cabo en tan sólo dos pequeños saltos. Más allá de las cataratas Ripon, da lugar a una serie de rápidos que se extienden a lo largo de unas treinta millas. Pero entre estos dos desniveles, hay una excelente vía navegable formada por largos tramos de río abierto y la amplia superficie del lago Kioga.

Nuestro viaje de un gran lago al otro se dividió en tres etapas diferentes. La primera de ellas supuso tres jornadas de caminata a través del bosque de Kakindu, el primer punto en que el Nilo Victoria es navegable después de los rápidos, tres días en canoa por el Nilo y el lago Kioga y, por último, cinco etapas de marcha desde el extremo oeste del lago Kioga hasta el lago Alberto. A continuación, tras otros cuatro días en canoa y veleros de acero remolcados por una lancha, llegamos a Nimule, donde se inician los rápidos del Nilo Blanco y, finalmente, siete u ocho jornadas a pie nos condujeron a los vapores del Sudán, en Gondokoro. Unas quinientas millas cubiertas en veinte días. El mismo tiempo que nos llevaría volver a Londres por Mombasa y el canal de Suez, si la combinación entre trenes y vapores estuviera correctamente ajustada.

Emprendimos el viaje el 23 de noviembre a primera hora de la mañana. El traslado a pie de un campamento a otro constituye parte integrante de la vida del típico funcionario del África central. Va "de safari" como el bóer sale "de marcha", una situación asumida que a menudo dura semanas y, en ocasiones, incluso meses. Acaba por aprender a plantearse diez días de "safari" como quien piensa viajar de Inglaterra a Escocia y veinte días, como poco menos que un viaje a París. "Safari" es una palabra swahili, de origen árabe, que describe una expedición y todo lo relacionado con ella, desde el propio viajero a los objetos y acompañantes que lleva —comida, tiendas, rifles, ropa, cocineros, sirvientes, escoltas y porteadores— pero, sobre todo, se refiere a estos últimos pues, aparte de los hornillos para cocinar, constituyen el elemento primordial. Esta figura harapienta que se bambolea bajo el peso de su carga, representa la unidad de locomoción y el límite de todas las posibilidades. Sin porteadores no se puede avanzar; con ellos, se recorren diez o doce millas al día, si todo va bien. ¿Qué cantidad de carga pueden transportar? ¿Y hasta dónde? Éstas son las cuestiones que van a regir tanto los cálculos como el destino del viajero.

Cada mañana los porteadores se dividen en grupos de veinte, cada uno con su propio jefe al frente. Las cargas, que suelen pesar una media de sesenta y cinco libras, también se dividen grosso modo. Cuando el primer grupo se pone en camino, se precipita el segundo sobre la siguiente pila de bultos y, tras un cuarto de hora de griterío y empujones —los más fuertes se abalanzan sobre las cargas que aparentan menos peso, provocando la ira del severo aunque voluble encargado, mientras los más débiles se quejan con desgana ante los bultos más voluminosos a la espera de una distribución más o menos justa—, emprenden la caminata en medio de indescriptibles aullidos que ponen de relieve, y a la vez estimulan, el ánimo con el que acometen la tarea del día.

Mientras estos problemas se resolvían de forma imperfecta, bajé caminando en compañía del gobernador y uno de los ingenieros hasta las cataratas Ripon, situadas apenas a media milla de la residencia del comisario; el sonido de sus aguas al caer henchía el aire. Aunque se trata de un moderado salto, tanto en altura como en volumen, su aspecto —y aún más su emplazamiento— resulta impresionante. La salida o rebosadura del lago Victoria está cerrada por una muralla natural de roca negra, erosionada o escindida en dos grandes cavidades por donde se cuela el caudal del Nilo que, de pronto, brota de las piedras majestuosamente para inaugurar su curso como un perfecto río de trescientas yardas de anchura. Si te subes a la muralla de roca, la reluciente superficie del lago te quedará al nivel de los ojos. A tus pies, apenas a una milla de distancia, se ve una enorme masa de agua verde precipitándose por la pendiente. Más allá, se divisan rápidos espumeantes, bordeados por espléndidos árboles, y pozas en las que no cesan de saltar grandes peces bajo la luz del sol. Debimos de pasar unas tres horas contemplando las aguas mientras barajábamos diversos planes para encauzarlas y sacarles provecho. Tal cantidad de energía corriendo despilfarrada, una oportunidad tan buena desaprovechada o semejante palanca de control sobre los recursos naturales de África sin accionar, constituyen hechos que no pueden sino crispar y acicatear la imaginación. ¡Y qué divertido hacer que el inmemorial Nilo emprenda su largo viaje sumergiéndose a través de una turbina! Pero no era más que un sueño.

Los porteadores ya nos habían adelantado bastante y tuvimos que apresurarnos tras ellos bajo el ardiente sol de mediodía. El gobernador de Uganda y los demás funcionarios deben regresar a Entebbe en el barco de vapor, así que me despido de ellos deseándoles buena suerte y, tras una última mirada a las cataratas, que centellean y retumban a mis pies, asciendo desde la orilla del río para volver a internarme en el bosque y unirme al grupo. El camino local nos condujo por el nordeste del Nilo hasta una zona montañosa y cubierta de bosques. A cada lado del sendero se veía espadaña de hasta quince pies de altura. En los valles crecían enormes árboles que se arqueaban sobre nuestras cabezas, entretejidos y emparejados por cortinas de enredaderas en flor. De vez en cuando, a la derecha o a la izquierda, destellos de nítida luz solar salpicaban la penumbra. En los cruces de los arroyos, las mariposas ejecutaban brillantes ballets sobre el agua. Numerosas especies de pájaros volaban entre los árboles. La jungla parecía estar preñada de animales salvajes, totalmente inaccesibles en medio de la enmarañada vegetación. El mero hecho de avanzar a pie con una vara en la mano por estas misteriosas sendas, en un entorno tan bello, aunque también algo siniestro, y ser consciente de que se está en el verdadero corazón de África, muy lejos de Picadilly o de Pall Mall, produce una sensación realmente increíble.

En la primera etapa debíamos recorrer unas quince millas y, como habíamos emprendido la caminata en las horas más tórridas del día, para mí fue más que suficiente. Seguimos un camino que serpenteaba subiendo y bajando colinas, sumergido a veces en la luz crepuscular de los bosques del valle o reptando otras, ladera arriba, por una superficie calcinada; cuando, por fin, llegamos al campamento ya llevaba un buen rato esperando encontrármelo de un momento a otro. Estaba integrado por dos filas de tiendas de color verde y una gran "banda", o cabaña de reposo, tan espaciosa como un amplio granero inglés, que se alzaba sobre un recortado y agradable claro. Este tipo de refugios constituye una maravillosa particularidad de las expediciones en África y, además, el respetuoso jefe cuyo territorio estábamos atravesando se había tomado la molestia de que la nuestra tuviera un considerable tamaño. Él mismo no tardó mucho en hacer su aparición cargado de regalos de todo tipo. Dos criados arrastraron hasta nosotros a una larguirucha oveja, de cabeza negra y con una gruesa cola tan grande como una calabaza, que no paraba de balar. Otros se encargaron de ofrecernos gallinas vivas, jarras de barro llenas de leche y cestas con redondos huevecillos. El jefe, un hombre alto y de inteligente aspecto que lucía una cautivadora sonrisa y los atractivos modales típicos de su pueblo, nos saludó con un sutil toque de camaradería y dignidad.

La cabaña que nos había acondicionado se asentaba sobre una fila central de troncos en forma de Y que servían de base a un marco de bambú; sus muros estaban hechos con cañas entretejidas y coronados por un alto y empinado techo de espadaña. El suelo de las "bandas" africanas, cuando está recién hecho, luce una suave y limpia superficie alfombrada de tiernos arbustos verdes; el interior, a menudo, aparece dividido en acogedores compartimentos y la construcción principal se halla conectada a las cocinas y otras dependencias, de la misma liviana textura, por pasajes cubiertos de pórticos. En realidad, son una prueba de la cortesía y buen gusto de los nativos que, a una velocidad casi increíble, las construyen con plantas de la jungla vecina; la sensación de entrar en uno de estos elevados, frescos, sombríos y espaciosos interiores y acomodarse en el blando suelo de juncos con alguna bebida en la mano, que al menos no está tibia, compensa con creces las severa incomodidad de una marcha bajo el sol del ecuador. La "banda", sin embargo, es un lujo ante el cual no debe bajar la guardia el viajero pues, si lleva construida más de una semana, se convierte en el hogar de innumerables insectos transmisores, en gran parte, de veneno y enfermedades malignas. De hecho, cuando se duerme en viejos refugios o sobre terrenos de acampada abandonados, casi siempre se contrae la fiebre del espirilo.

La vida "de safari" se ve gratificada por un sentimiento de despreocupación total sumamente satisfactorio. Tienes que "hacer" tantas millas al día y cuando las has "hecho" se acaba tu jornada de trabajo. Se trata de un sencillo programa en el que no queda nada por pedir ni por desear. Por la mañana muy temprano, a menudo una hora antes del amanecer, las cornetas del Batallón de Fusileros Reales hacen sonar el toque de alborada. Todo el mundo se viste de prisa a la luz de las velas para tomar un frugal desayuno mientras se aproxima el alba; las tiendas son abatidas y los porteadores se abren paso con sus cargas. Entonces comienza la jornada. Es evidente que se debe caminar. No hay forma más segura de sentirse bien en Uganda que marchar de doce a catorce millas diarias. Pero si el viajero no desea realizar ese esfuerzo, tiene otras alternativas. Existen el descansado pero aburrido *rickshaw*, ya descrito en el capítulo anterior, y la litera que, transportada sobre la cabeza por seis hombres de diferentes alturas, de vez en cuando se desliza hasta los hombros de los porteadores, quienes, para subirla de nuevo, le dan una desalentadora sacudida que resulta tan incómoda como puede suponerse. Los ponis no soportan vivir en Uganda, o de hecho no lo hacen, aunque el jefe de policía, convencido de que un cuidadoso control de las caballerizas realizado por los propios ganaderos podría hacerlos prosperar, se proponía llevar a cabo un experimento con ellos. Las mulas se adaptan mejor, aunque tampoco demasiado bien. A la que nos acompañó en la última etapa del "safari" a Gondokoro, le pronosticaron un muerte segura; no obstante, en apariencia al menos, la dejamos en perfectas condiciones y con un ánimo excelente.

Pero el método más recomendable para desplazarse en África central —por sorprendente que pueda parecer— es la bicicleta. En la estación seca, los caminos a través del monte bajo, allanados por los pies de los nativos, ofrecen una excelente superficie. Incluso aunque el sendero sólo mida dos pies de anchura y esté flanqueado por una densa jungla que llega a entrelazarse por encima de nuestras cabezas, la bicicleta se desliza sin dificultad, rozando los invasores arbustos mientras silba sobre la hierba a una velocidad respetable; incluso si cada pocos cientos de yardas se ve uno obligado a desmontar por culpa de puntiagudas rocas, piedras sueltas, corrientes de agua o empinadas laderas, en general, es posible mantener una media de siete millas por hora. Con todo lo que ello implica. Según mi propia experiencia, creo que se podrían cubrir entre veinticinco y treinta millas diarias de media, si los porteadores fueran capaces de aguantar ese ritmo; de esa manera se podría recorrer el triple de trayecto en el mismo tiempo y, a su vez, el radio de acción de cada funcionario aumentaría en la misma proporción.

Casi todos los funcionarios británicos que allí conocí poseían ya bicicletas e incluso los jefes indígenas estaban empezando a adquirirlas. Pero para desarrollar este medio de transporte, es necesario establecer un buen sistema de refugios de piedra en las principales líneas de comunicación, situados a intervalos de unas treinta millas y fumigados a prueba de insectos. Tal realización significaría una enorme ventaja para la salud de los funcionarios británicos y un respetable aumento de su poder. Si antes de llegar a Uganda, yo mismo hubiera sabido las ventajas que ofrece este método, habría podido conocer más a fondo el país por el simple procedimiento de triplicar el recorrido de mis viajes enviando a los porteadores al siguiente destino, con una semana de antelación, para que montasen el campamento y me fuesen dejando vituallas a intervalos regulares del camino. Así, en lugar de viajar exclusivamente de un gran lago al otro, *en el mismo periodo de tiempo*, habría podido explorar la fértil y populosa llanura de Toro, descender al bello valle del Semliki, atravesar el lago Alberto de un extremo al otro y bordear las laderas de la sierra Ruwenzori. "¡Si la juventud supiera...!"*

Pero las marchas, en cualquier caso, siempre llegan a su fin; si, además, te detienes a comer y reposar en un refugio, como es recomendable, encontrarás el siguiente campamento ya casi preparado. Durante las horas más abrasadoras del día, todos nos retiramos a las tiendas, o al más efectivo cobijo de la "banda", con el fin de dormir o leer un rato. Más tarde, cuando el sol ya está bajo, afloramos para fumar o charlar y, tal vez, aún quede el tiempo justo para practicar el vigoroso ejercicio de perseguir un antílope y cazar unas cuantas pintadas o unos pichones.

A la caída del anochecer, la llegada de los ruidosos mosquitos, infectados de fiebre, obliga a tomar las máximas precauciones frente a las enfermedades y otras amenazas procedentes de los insectos. Cenamos en el interior de un espacioso mosquitero elaborado con fina gasa, de unos doce pies cúbicos. La ropa de cama, que siempre debería guardarse empaquetada en cajas de estaño, se coloca durante el día protegiéndola con mosquiteros bien sujetos contra toda suerte de alimañas. Todo el mundo se calza botas anti-mosquitos, largas, suaves y provistas de polainas de cuero hasta la cadera. Se recomienda protegerse con gorro, bufanda y guantes, si es posible, no sentarse en sillas con asien-

* «¡Si la juventud supiera, si la vejez pudiera!», cita de Henri Estienne muy conocida en el mundo anglo-sajón.

to de caña sin cubrirlas previamente con un cojín o un periódico y llevar una silbante red atrapa-mosquitos. Así pertrechado uno se mueve con relativa seguridad entre los coros de feroces zumbidos.

A estas precauciones hay que añadir algunas más. Nunca se debe caminar descalzo sobre el suelo, por muy limpio que esté, o un odioso insecto llamado nigua penetrará en el pie para engendrar allí una familia numerosa, lo que provoca una hinchazón muy molesta. Por otro lado, antes de calzarse las botas o los zapatos, aunque se tenga mucha prisa, hay que darles la vuelta y mirarlas por dentro, no vaya a ser que nos encontremos allí emboscado un escorpión, una pequeña culebra o cualquier centípedo de lo más espantoso. Nunca se debe arrojar la ropa descuidadamente en el suelo, sino meterla enseguida en una caja de estaño y cerrarla bien para evitar que resulte infectada por una organizada colonia de feroces criaturas ansiosas por picar. Y, sobre todo, ¡quinina! A quienes residen de forma habitual en estos exóticos países ninguna droga les sirve de mucho, pues su eficacia se ve disminuida por el hábito y se debe aumentar la dosis hasta límites imposibles. Pero el viajero que pasa aquí tan sólo unos meses, puede recurrir con todas las ventajas y seguridad a ese admirable profiláctico. Sobre el modo de administrarla, las opiniones difieren. Los alemanes, con su amor a la precisión incluso respecto a los asuntos más inciertos, prescriben treinta granos alternando las tomas cada siete y ocho días. Nosotros seguimos el método más sencillo de ingerir de forma regular diez granos al día desde el momento en que salimos de Port Said hasta nuestra llegada a Jartum. Ningún miembro de mi grupo tuvo fiebre, ni un día siquiera, durante todo el viaje.

Durante nuestra segunda jornada realizamos una caminata de una duración aproximada y un carácter similar salvo que, al encontrarnos más cerca del río, el sendero que seguíamos a través del sombrío bosque nos deparaba ocasionales atisbos de una gran extensión de agua situada a la izquierda. A intervalos frecuentes —cinco o seis veces al día— nos cruzábamos con largas caravanas de porteadores nativos que transportaban diversos productos desde los fértiles distritos emplazados entre el lago Kioga y el monte Elgón hasta Jinja. Nada podría ilustrar mejor la conveniencia de desarrollar las comunicaciones locales para dar salida a este incipiente y potencial mercado, que ya está dispuesto a abrirse paso incluso encaramado a la cabeza de tambaleantes porteadores y a través de senderos invadidos de maleza. Por lo demás, la zona cercana al río semejaba una jungla densa e impenetrable, que escondía en sus recovecos tanto a seres humanos como a feroces animales.

La tercera mañana, sin embargo, nos condujo hasta los *shambas*, como se denominan los campos de cultivo locales, por una carretera que discurría entre plantaciones de bananos, mijo, algodón, ricino y chiles. Aquí en Usoga, como en toda Uganda, el principal producto agrícola es el plátano y al tratarse de un árbol que, una vez plantado, crece y se propaga por su cuenta sin necesidad de ningún cuidado ni esfuerzo, cuenta con muy buena acogida entre los imprevisores nativos, a quienes mantiene año tras año en una tranquila abundancia hasta que un súbito fallo de las cosechas, tras generar una temible hambruna, restaura el cruel equilibrio del mundo.

Después de una caminata de doce millas y todavía bastante temprano, pues habíamos partido antes del amanecer, llegamos a Kakindu. El sendero nos condujo más allá de los platanales para luego ir descendiendo hacia espacios más abiertos, donde resplandecía la luz del sol, hasta que el Nilo apareció ante nosotros. A unas cuarenta millas de su nacimiento y a casi cuatro mil de su desembocadura, el río ya ofrecía un respetable aspecto; sus claras y profundas aguas, con casi un tercio de milla de anchura, se deslizaban majestuosamente entre las verdes y frondosas orillas. Nos estaba esperando la *flotilla Kioga*, que se componía de una pequeña lancha de vapor, la *Victoria*, un barco de acero y dos o tres piraguas construidas con troncos vaciados; cuando terminamos el largo y asfixiante proceso de embarcar el equipaje y distribuir a los sirvientes nativos a bordo, partimos deslizándonos por la corriente mientras dejábamos atrás a la primera partida de escoltas y porteadores.

Los tres días siguientes los pasamos enteros en el agua. Efectuamos primero la travesía del Nilo Victoria hasta su desembocadura en el

Kioga y, acto seguido, atravesamos la suave y límpida superficie del lago. Todas las tardes desembarcábamos en campamentos preparados por jefes de la tribu *busoga* para montar las tiendas, encender hogueras y desplegar nuestros recintos anti-mosquitos mientras iba anocheciendo y las tormentas, frecuentes en esa época del año, relampagueaban con vívidos resplandores en el oscuro horizonte. Durante las horas más tórridas del día permanecíamos tumbados en el fondo de las enormes canoas, resguardados del sol por un improvisado techo de húmedas plantas. De vez en cuando algún extraño pájaro o, con mayor frecuencia aún, el rumor de un hipopótamo, con la nariz justo despuntando sobre el agua, animaba el lento y sofocante paso de las horas; una enorme roca atestada de gigantescos cocodrilos —al menos una veintena—, que se zambulleron en el agua nada más sonar el primer tiro, nos procuró al menos un espectáculo realmente extraordinario.

A medida que se va aproximando al lago Kioga, el Nilo Victoria se ensancha en amplias lagunas mientras sus empinadas orillas cubiertas de bosques y jungla van dejando paso a sólidos muros de plantas de papiros que ocultan el llano paisaje de los alrededores; sólo de vez en cuando se divisa algún molino triangular, púrpura en la distancia. El lago abarca unas cincuenta millas de largo, de oeste a este, por once de ancho, pero su área se extiende todavía mucho más a través de una serie de largos brazos, o dedos más bien, que se estiran en todas direcciones, especialmente hacia el norte, facilitando así el acceso a varios distritos de gran tamaño. Todos estos brazos, e incluso una gran parte del centro del lago, están recubiertos de cañaverales, hierba y nenúfares; nos encontramos en la primera de las grandes esponjas sobre las que derrama sus aguas el Nilo. Aunque en estos canales se puede contar con una profundidad media de doce pies, las algas flotantes y las plantas acuáticas que los pueblan suelen obstruir la navegación; además, cuando las tormentas barren la orilla norte, provocan el desprendimiento de innumerables islas de papiros entretejidos, con sus correspondientes colonias de aves y otros animales, que flotan a la deriva por el lago hasta bloquear las rutas habituales y llegar a confundir al timonel.

A lo largo de todo un día nuestra pequeña y oscilante lancha chapoteó por esta curiosa región llevando a remolque la flotilla y las canoas; a ratos serpenteaba a lo largo de un claro en el bosque de papiros, situado sólo a una docena de yardas, para luego emerger de pronto en una despejada y vasta superficie y acabar por detenerse con el fin de liberar la hélice de la enmarañada vegetación. En el centro del lago se despliegan extensas superficies de plácidas aguas. A medida que las orillas y los cañaverales retroceden en la distancia, el universo entero se convierte en un vasto y redondeado globo azul de agua y cielo, partido en el centro por una banda de vívido verde. El tiempo se desvanece, nada persiste sino el espacio y la luz del sol.

Durante toda la travesía debemos poner sumo cuidado en esquivar la zona norte, sobre todo la orilla noroeste, pues las poblaciones nativas están aún sin colonizar y la mayoría de las tribus se muestran hostiles. Perseguir a los elefantes que, según se rumorea, abundan en estos recintos vedados, resulta prácticamente imposible; sólo desembarcar en busca de comida o combustible sería peligroso y aproximarse, encima, podría desencadenar una descarga de mosquetería o una lluvia de lanzas de los todavía no convencidos súbditos de Su Majestad.

El Nilo, tras salir del lago por el ángulo noroeste, en Namasali, fluye a lo largo de un extenso canal de más de una milla de anchura, todavía flanqueado por sólidos muros de papiros y salpicado de islas flotantes. Otras cuarenta millas de navegación a vapor y llegamos a Mruli, una característica aldea africana. Su importancia aparece más subrayada en los mapas que sobre el terreno. Su impresionante nombre, escrito en grandes letras negras, evoca la imagen de una populosa y notable ciudad. Todo lo que se divisa, sin embargo, es una hilera de cabañas vegetales de forma cónica, rodeadas por miserables ciénagas y laberínticos cañaverales sobre los que danzan febrilmente nubes de mosquitos. Desde tierra firme hasta las aguas navegables había un largo muelle de juncos, pero el canal al que daba acceso estaba bloqueado por una isla flotante que, tras vencer numerosas dificultades, fue por fin remolcada fuera de nuestro camino para que pudiéramos desembarcar. Acudieron a recibirnos los nuevos escoltas del Batallón de Fusileros Reales, luciendo unos uniformes tan flamantes y un porte militar tan esmerado como si estuvieran en Aldershot*, una multitud de nuevos porteadores y la única tribu aliada de la orilla norte del río. Mientras se levantaban las tiendas, se disponía el equipaje y empezaban a arder los fogones, unos cuatrocientos salvajes armados con lanzas, desprovistos ya de sus pieles de leopardo, estuvieron danzando desnudos a la luz del crepúsculo.

* Aldershot: ciudad de Hampshire donde se encuentra la base militar más importante del Reino Unido.

VIII Las cataratas Murchison

Abandonamos el Nilo en el punto donde gira hacia el norte, en Mruli, con el propósito de ir directamente a Hoima, situada al borde del lago Alberto. El viaje, vía Masindi, iba a constar de cuatro etapas. No obstante, cautivado por los relatos sobre la belleza y maravilla de las cataratas Murchison, decidí cambiar de plan antes de embarcar en Kakindu. Así pues, enviamos mensajeros al puesto de telégrafos de Jinja para que se remitiese un mensaje a Hoima, vía Kampala, ordenando a la flotilla que, en lugar de permanecer allí, se dirigiese al extremo norte del lago Alberto y nos esperase en Fajao, al pie de las cataratas. Ahora íbamos a realizar cinco etapas: dos a Masindi y tres más de vuelta hacia el norte del Nilo.

La carretera de Mruli consiste en una especie de senda, con terraplenes a ambos lados, que discurre a través del bajo y desolado matorral de la jungla. La superficie que presentaba en esta ocasión el rico suelo de aluvión negro, agrietado y desmigajado por el calor, estaba endurecida y, aun siendo irregular, permitía la circulación en bicicleta; las lluvias, sin embargo, deben de transformar estos caminos en lugares totalmente intransitables. Pero a medida que se avanza hacia el este, el paisaje cambia enseguida de aspecto. Al dejar atrás las deprimentes llanuras de la orilla sur del lago Kioga, el viajero va descubriendo otros escenarios típicos de Uganda, en una región provista de pequeñas colinas y grandes árboles. Antes de llegar a Masindi atravesamos de nuevo fértiles y hermosas tierras. Pozas de reluciente agua, enmarcadas en refrescante verde, despiden los reflejos de la luz del sol. Entre las continuas ondulaciones del terreno, por todas partes se alzan escarpados cerros y riscos. Los arroyos, salpicando alegremente, descienden por canales de roca. Los amarillentos tejados de hierba de las abundantes aldeas despuntan por encima de los platanales en medio de anchas parcelas de cultivos; los jefes y cabecillas nativos saludan al extranjero con una grave cortesía, no exenta de curiosidad, a medida que el interminable "safari" pasa serpenteando bajo los árboles.

El calor aumenta según disminuye la altitud y el sol pega con fuerza sobre los hombros incluso por la mañana. A las diez su intensidad es ya tremenda. Hasta este momento la calzada, integrada por perceptibles montículos de suelo de aluvión, nos ha permitido pedalear a ratos, aunque no resultaba muy divertido. Pero la transformación del paisaje es consecuencia, precisamente, del cambio de suelo. Los campos son ahora de un rojo intenso y la senda de arenisca roja, lavada por las lluvias, aparece en algunas zonas casi tan suave y firme como el asfalto, brillante por efecto del polvo cristalino; así pues, tras haber escalado los cerros que coronan la cuenca situada entre el lago Kioga y el Alberto, mi bicicleta bajó deslizándose, sin apenas darle impulso, las cuatro millas de suave descenso hasta Masindi. Esta hacienda —morada de un recaudador— se halla rodeada por una amplia bahía llena de suaves colinas cubiertas de árboles nobles. Se trata de un paraje muy atractivo. Pueden contemplarse auténticas casas encaramadas a altas plataformas de piedra con ventanas de valla metálica y amplios porches. Las anchas bandas rojas que semejan sus calles ofrecen un vistoso trazado. Nos encontramos avenidas flanqueadas de árboles, deliciosos macizos de flores, una oficina de telégrafos, bebidas, el desayuno dispuesto —*frío*, pero no helado— y una pila de *The Times*. ¿Qué más puede uno pedir o desear que le depare el destino?

A continuación, teníamos pensado dirigirnos hacia el Nilo, a su paso por Fajao, cubriendo tres largas (para los porteadores) etapas de unas dieciséis millas cada una. Para facilitarnos el viaje, se habían efectuado ya algunos preparativos en la carretera de Hoima, como limpiar la vegetación que la invadía o construir refugios. Pero mi cambio de planes había vuelto inútiles las previsiones, por lo que en la nueva ruta nos vimos obligados a desbrozar nosotros mismos los senderos de la maleza que los asfixia, aunque sólo lleven unos meses sin usar, y a procurarnos improvisados refugios y tiendas. Así pues, el avance fue lento y los campamentos, modestos. Pero las maravillas del escenario nos compensaron el esfuerzo.

Nos pasamos todo un día reptando por las faldas de los bosques de Hoima, en medio de una opulenta vegetación que apenas sería capaz de describir. Había viajado por los bosques tropicales de Cuba y de la India y, con frecuencia, había admirado su fascinante aunque un poco siniestra exuberancia. Pero las junglas de Uganda, debido a su esplendor, a la variedad de sus formas y colores, a la profusión de espléndida vida —plantas, aves, insectos, reptiles, fieras—, a sus vastas proporciones y a la desbordante fecundidad del proceso natural que se puede contemplar en plena acción, eclipsaron, y hasta barrieron, todas las impresiones previas. No sin un secreto sentimiento de aversión, uno se convierte en espectador de una intensa y simultánea convulsión de vida y muerte. La reproducción y la decrepitud se encuentran en perpetua lucha, enzarzadas en infinitos abrazos. En este rutilante suburbio ecuatorial, inmensos árboles forcejean entre sí luchando por el espacio vital para expandirse mientras los más débiles intentan desplegarse hacia arriba —con apariencia agónica— en busca de luz solar y vida. El suelo rebosa de irreprimible vegetación. Cada superviviente, hollando el putrefacto moho de los rivales exterminados, se remonta en las alturas hasta enfrentarse con una nueva hueste de antagonistas aéreos y ser agobiado por masas de vegetación parásita, sofocado por las magníficas enredaderas en flor, entrelazado, amarrado o entretejido con interminables marañas de plantas trepadoras. Los pájaros son tan vistosos como mariposas; las mariposas, tan grandes como pájaros. El aire zumba con criaturas voladoras; la tierra hormiguea bajo los pies. El cable del telégrafo recorre este laberinto vegetal en dirección norte, hasta Gondokoro, ¡incluso sus postes se han cubierto de brotes!

A medida que avanzábamos, subiendo o bajando continuamente las ondulaciones del terreno y cruzando súbitas alternancias de relucientes tramos de luz o de cerrada oscuridad, el camino de sólida arenisca se iba volviendo cada vez más ancho y suave. Se podían observar columnas de hormigas en formación militar. Es posible que cada cien yardas estos fieros ejércitos atravesaran la carretera hasta cuatro veces. Se mueven en filas regulares y con propósitos a la vez secretos e inquebrantables. Forman una banda de color marrón, de tal vez dos pulgadas de ancho por una y media de *fondo*, que se va arrastrando a través de tu camino. Sus extremos se pierden en los recesos de la jungla y nunca cesa de moverse con una multiplicada rapidez, pues cada hormiga avanza a toda prisa ya sea sobre el terreno o sobre las espaldas de sus camaradas en movimiento. Flanqueando la columna principal, a la distancia aproximada de una yarda, se divisan las barreras protectoras formadas por las guardaflancos y, hasta un radio de unas cinco yardas, pululan las incansables y temerarias patrullas de reconocimiento examinando cada objeto y cada pulgada. ¡Ay del enemigo al que sorprendan estas hordas! Independientemente de su tamaño o naturaleza, al instante será atacado por un creciente número de asaltantes que, una a una, hunden sus poderosas mandíbulas en la carne con un instinto tan despiadado que se dejarían arrancar la cabeza antes de soltar su presa.

Estos ejércitos de hormigas me fascinaban hasta tal punto que no pude resistirme a interferir en su marcha. Intenté romper la serpenteante cuerda que formaban al desplazarse deshaciendo suavemente la columna con mi bastón. Aunque se mostraron muy sorprendidas, perplejas e incluso indignadas, no se detuvieron ni siquiera un segundo. Al instante, las obreras subieron corriendo por mis botas buscando un acceso con avidez y, cuando dejé de observarlas para volver la vista a mi bastón, me dio la impresión de que tenía vida propia. Con un gesto tan ágil que podría haber sido malinterpretado, lo arrojé lejos de mí retrocediendo de un salto hasta situarme fuera del peligroso círculo y me refugié detrás de una enorme roca, a una distancia respetable. El brigada sudanés de la escolta, un espléndido negro que lucía el elegante porte de un granadero y una larga fila de medallas sobre su túnica caqui, olvidó por un momento su compostura para sonreír de oreja a oreja. Pero cuando lo invité a rescatar mi bastón, que yacía abandonado en el campo a merced de las mandíbulas del victorioso enemigo, enseguida recuperó su habitual aire de gravedad. El leal hombre, en todo caso, fue capaz de controlar la situación.

También me gustaría relatar una desalentadora anécdota sobre la perversidad de las mariposas. Nunca había visto hadas voladoras semejantes. A cada momento exhibían ante nuestros ojos sus espléndidas galas, tejidas en una inconcebible variedad de colores y diseños. Mariposas similares a chupaleches, apolos, auroras, antíopes, olmeras o pavos reales —todas ejecutadas en al menos una docena de originales y contrastados estilos, algunas incluso más hermosas que nuestras especies británicas, aun siendo diferentes por completo— revoloteaban al sol de flor en flor, lanzando destellos entre las sombras de los grandes árboles o arracimadas en el sendero para absorber la humedad de cualquier terreno cenagoso. La mariposa es carroñera; si percibe en el suelo el olor de una pizca de cualquier sustancia putrefacta, ten por seguro que allí acudirá y, de inmediato, la mancha quedará cubierta por una nube de estos ávidos insectos, llegados con tan alegres atavíos a devorar una carne tan penosa. Algunas veces las he encontrado intoxicadas de tal forma a causa de un reciente festín, que he podido cogerlas con suma delicadeza entre los dedos sin necesidad de recurrir a ningún tipo de red.

Para cualquiera que alguna vez haya intentado coleccionar las modestas mariposas de Gran Bretaña, actualmente ya poco abundantes y desperdigadas, este espectáculo no dejaba de constituir una gran tentación. Durante una semana me había estado reprimiendo, no tanto porque me resultara complicado fabricar una red como por la dificultad de acomodar y guardar después los galardones; pero, al final de nuestra primera caminata desde Masindi, me comentaron que el mejor modo de enviar mariposas a Gran Bretaña desde África era colocarlas en triángulos de papel pulcramente doblados para que luego las disecaran en Londres. Fabriqué una red sin dilación, usando un cable de telégrafo y un mosquitero, de tal forma que me equipé por completo para el día siguiente. Puede resultar increíble pero, desde aquel preciso momento, salvo en las cercanías de las cataratas Murchison, apenas volví a ver una mariposa digna de atención en todo el camino hasta Gondokoro. Si fue debido a la inteligente perversidad de estos insectos o al mero hecho de que habíamos abandonado las más profundas depresiones de la región forestal, nunca llegué a averiguarlo; pero la verdad es que de las mariposas de Uganda sólo me llevé el fascinante recuerdo de una oportunidad perdida.

La primera caminata desde Masindi fue muy larga y nuestros porteadores tuvieron que avanzar durante todo el día a pleno sol, resollando y afanándose bajo sus cargas. El grueso de la partida alcanzó el campamento ya entrada la tarde y los rezagados fueron llegando con cuentagotas hasta el anochecer. Los nativos de la zona, entretanto, cogieron espadaña y bambú en los alrededores para construir ante nuestros propios ojos, con una destreza y velocidad extraordinarias, un espacioso comedor y dos o tres excelentes estancias; nos sentimos tan cómodos en esas humildes moradas como si estuviéramos alojados en el palacio de un rey. El segundo día, aunque la jungla mostraba la misma espesa, fértil y enmarañada vegetación, el bosque no parecía tan hermético. Partimos una hora antes del alba y a las ocho ya habíamos alcanzado la cima del elevado reborde rocoso que rodea el valle del Nilo Victoria. Desde esa altura, a unos seiscientos pies sobre el nivel medio de la planicie, descubrimos una amplia vista del paisaje por primera vez. En todas las direcciones se expandía un vasto mar de follaje que se espigaba entre la maleza, se oscurecía en el bosque, se elevaba o descendía siguiendo las ondulaciones del terreno y, sólo ocasionalmente, aparecía rasgado por peñascos. A lo lejos, hacia el noroeste, un largo destello plateado, apenas discernible a través de la neblina del horizonte, revelaba a nuestros ojos la lejana silueta del lago Alberto. Ni siquiera una cámara fotográfica podría hacer justicia a un panorama semejante. Contempladas en fotografía, estas vastas extensiones parecen meros campos de matorrales, desolados y monótonos para la vista y melancólicos para el ánimo. Debe tenerse en cuenta que este lugar es como una combinación de los *Kew Gardens** y el zoológico en una escala ilimitada; el laboratorio central generador de la naturaleza funciona aquí noche y día a pleno rendimiento y lo que parece en la imagen un tejido de maleza es en realidad un país encantado, lleno de perspectivas y claros, por el que podría desfilar un ejército de cien mil hombres sin que el reflejo de una bayoneta ni la polvareda levantada por una columna de infantería delatara su presencia al observador situado en la cima de este peñasco.

Nuestro campamento de esa noche se hallaba en un minúsculo terreno desbrozado en el corazón de este mundo salvaje. El ramillete de tiendas protegido por un baldaquín de palmas, iluminado por las hogueras y las farolas que le daban brillo y rebullendo con el hormigueo de la actividad y el movimiento de las figuras humanas, ofrecía todo el aspecto, a unas cien yardas de distancia, de una isla de civilización en un océano de naturaleza. ¿Qué extraños peligros —aparte de la absoluta certeza de perderse— entrañaría para el caminante un simple paseo de apenas un cuarto de milla en cualquier dirección? Alejarse de la luz del fuego implicaba ser engullido por las primitivas condiciones de tiempos prehistóricos. Un paso adelante, sin embargo, y el cable telegráfico daría fe de las últimas cotizaciones en los mercados de Londres o de los resultados de las recientes elecciones. ¡Qué extraña sensación!

Apenas llevábamos una hora de camino en nuestra tercera jornada cuando, justo al romper el alba, empezamos a percibir en el aire un grave y vibrante murmullo. De repente, se desvanecía al descender por un húmedo valle para luego, ya en la cima de una pendiente, volver a estallar con mayor intensidad acústica; era el sonido del Nilo desplomándose por las cataratas Murchison. Hacia las nueve, cuando todavía nos hallábamos a unas diez millas de distancia, el sonido se había convertido en un constante, intenso e insistente zumbido. Estas

* *Kew Gardens:* National Botanic Gardens de Londres.

cascadas constituyen, sin duda, el elemento más sobresaliente de todo el curso del Nilo. En Foweira, los tramos navegables que se extienden desde el lago Kioga se ven interrumpidos por las cataratas, y el río, todavía con un ancho caudal lleno de espuma y rápidos, se precipita velozmente por una gradual pero continua escalinata, encajada entre murallas de roca. Dos millas por encima de Fajao estos muros se aproximan de repente hasta que *no los separan ni seis yardas* y a través de este estrangulado pórtico, como desde la boca de una manguera, el poderoso río en su totalidad se lanza de un solo salto a un precipicio de ciento sesenta pies.

El acantilado sobre el que se derrama el Nilo se va curvando en una vasta ensenada de peñascos, rotos aquí y allá por fisuras más suaves pero escarpados en su mayor parte, configurando así el muro oriental del lago Alberto, desde cuyas aguas se alza abruptamente hasta alcanzar seiscientos o setecientos pies de altura en algunos tramos. Desde el borde de ese terraplén, se podían descubrir las zonas más bajas del Nilo Victoria que se alejaban, milla tras milla, formando una ancha y resplandeciente cinta hasta llegar casi a su desembocadura en el lago. De hecho, las cataratas resultaban invisibles, ocultas tras los boscosos farallones, pero su rugido no dejaba duda alguna sobre su presencia. A mis pies, un zigzagueante sendero conducía por largas pendientes hasta la orilla del agua donde, sobre una despejada pradera, se divisaba una hilera de tiendas y cabañas recién levantadas.

Fajao ya no existía como ciudad nativa. Quizá en ningún otro punto de Uganda la enfermedad del sueño haya provocado una devastación tan pavorosa. En los últimos años perecieron por lo menos seis mil personas, resultando exterminada casi toda la población. Apenas habían quedado suficientes nativos para componer la delegación que, vestida de blanco, podía distinguirse a la entrada del campamento; se hallaban en la superficie desbrozada que, inmune al maligno poder que reinaba a su alrededor, revestía la máxima importancia. El follaje de las arboledas, que pendía sobre el río, hormigueaba con moscas tsetsé de renovado veneno y probada malignidad. Tras detenernos unos minutos a contemplar las tropas de babuinos, aparentemente tan grandes como seres humanos, que saltaban de árbol en árbol en la colina de enfrente, bajé por la serpenteante senda para fotografiar a la delegación y estrechar la mano a su jefe. Era un hombre muy sociable llamado James Kago. Vestido con pantalones de montar y polainas de cuero, pronunció unas inesperadas frases en un inglés excelente. Tanto él como el resto de los indígenas que se agrupaban a su alrededor parecían disfrutar de un humor inmejorable, que no sabría decir si era resultado de una estoica filosofía o de sus buenos modales. Eran todo sonrisas, reverencias y sonidos guturales de satisfacción. El funcionario del Distrito, que viajaba conmigo, me explicó que el jefe había hecho arreglar el sendero que conducía a la cima de las cataratas para que, después de comer y tomarnos un breve descanso, lo acompañáramos hasta el borde mismo del precipicio. Dado que el bosque de la orilla del río era muy peligroso a causa de las moscas tsetsé, por precaución, nos recomendaba ir protegidos con velos y guantes. No puse objeción alguna.

En un abrigado entrante de rocas que formaba un pequeño puerto natural, nos esperaba la *flotilla Albert* ya preparada. Estaba compuesta por la *Kenia*, una lancha de vapor de cuarenta pies de eslora y cuatro de calado, con cabina y cubierta, y tres veleros de acero de diferentes tamaños, a saber: el *James Martin*, el *Good Intent* y el *Kisingiri*. Estos pequeños navíos nos iban a conducir hacia el Nilo Victoria y el lago Alberto, por la parte más baja del lago, para luego descender unas ciento setenta millas por el Nilo Blanco hasta Nimule, donde unas nuevas cataratas impiden seguir navegando. La tripulación estaba integrada por alegres marineros swahilis elegantemente vestidos con polainas blancas y jerséis azules que, a la altura del pecho, llevaban bordadas en lana amarilla las palabras "Uganda Marine". El ingeniero de la lancha ejercía plenos poderes, en cuanto a organización y disciplina, sobre esta escuadrilla de veleros que servía para mantener todas las comunicaciones y relaciones comerciales con la provincia del Nilo y los contornos del lago Alberto. La flotilla, acurrucada en el puerto y protegida de la rápida corriente por un rocoso rompeolas, ofrecía una bella estampa; más allá, el Nilo, veteado y a menudo cubierto por la cremosa espuma de las cataratas, expandía su majestuoso caudal de seiscientas yardas de orilla a orilla.

Empezamos a escalar hacia la cima de las cataratas a pleno sol de mediodía y, por primera vez, me siento obligado a reconocer que el sol del África central es tan formidable como el que cae a plomo sobre las llanuras de la India. Sin embargo, resulta más soportable, incluso en los peores momentos, porque el aire no te asfixia como si fuera la vaharada de un horno. Al principio, el sendero nos condujo a través de mortecinos bosques donde, por supuesto, revoloteaban las más bellas y seductoras mariposas, algunas de las cuales llegaban a medir hasta seis pulgadas de ala a ala. De vez en cuando descendíamos hasta lugares donde el río lamía las rocas, formando remolinos bajo las flotantes islas de espuma. Tuvimos que tomar algunas precauciones frente a diversos peligros. Más abajo de las cataratas Murchison, el Nilo está plagado de cocodrilos, algunos de enorme tamaño, y de manadas de hipopótamos que se suelen tropezar cada media milla aproximadamente; así pues, provistos de rifles para protegernos de las fieras grandes, además de guantes y velos para resguardarnos de las pequeñas —a veces incluso más traidoras—, nos sentíamos pesados y torpes. De hecho, el velo constituía un estorbo tan pesado y el calor era tan intenso que, asumiendo el riesgo de las picaduras, decidí quitármelo. No obstante, al cabo de media hora de amenazadores zumbidos y después de que se me posara en el hombro una mosca —probablemente de la peor especie—, que fue barrida al instante por la inmediata reacción de mi compañero, cambié de opinión.

Cuando íbamos abriéndonos paso por la margen del río, avistamos un cocodrilo que tomaba el sol sobre una gran roca situada en medio de la corriente, a unas ciento cincuenta yardas de la orilla. Pidiendo todas las disculpas que sea menester, debo confesar que siento un violento odio hacia esos energúmenos e incluso me provocan ganas de matarlos. Era un disparo tentador, pues el rufián permanecía tumbado al sol, con la boca abierta de par en par, exponiendo sus grasientos y escamosos flancos. Dos o tres expectantes pájaros blancos revoloteaban a su alrededor a la espera de atrapar los desperdicios que, según me han asegurado (¿Y no responde de ello Herodoto?), les arrancan de entre los dientes en ocasiones. Cuál habría sido el resultado de mi disparo, no lo llegué a saber pues el cocodrilo dio un salto de agonía mortal, o de sorpresa, y desapareció en las aguas. Entonces me tocó sorprenderme a mí. A esa distancia de las cataratas, el río no tenía más de trescientas yardas de ancho, así que divisábamos la orilla opuesta con bastante claridad. Nos había parecido distinguir allí una larga franja de fango marrón sobre la que relucía un tedioso sol. Nada más sonar el disparo toda esa margen del río, hasta un radio de al menos un cuarto de milla, cobró una repugnante vida; mis compañeros y yo pudimos contemplar cientos y cientos de cocodrilos, de todos los tipos y tamaños, precipitándose como locos en el Nilo; al instante las aguas del río se cubrieron de blanca espuma en la línea de la orilla, exactamente como si acabara de estallar una ola gigante. No sería exagerado decir que un solo disparo había perturbado, como mínimo, a un millar de estos saurios. Nuestros amigos británicos nos explicaron que Fajao era el paraje favorito de los cocodrilos; allí acechaban entre las aguas, bajo las cataratas, esperando a los peces y a otros animales muertos que llegaban arrastrados por la corriente. Muy a menudo, según nos revelaron, los hipopótamos de la parte alta del Nilo y del lago Kioga eran atrapados y barridos río abajo por la propia fuerza del agua que "les quebraba todos los huesos del cuerpo". «En realidad», añadió el funcionario en un cierto tono siniestro, «tienen *mucha suerte* si no terminan hechos puré».

Por fin, tras tomar una curva, nos encontramos frente a frente con las cataratas. Constituyen un espectáculo maravilloso no tanto debido a su altura, por impresionante que ésta sea, como al inmenso caudal de agua que desciende precipitándose a través de un hueco tan estrecho. De hecho, al observar el enorme tamaño del río a la salida de las cascadas, parece imposible que semejante corriente proceda de ese único chorro. En medio de nubes irisadas de rocío y de un estruendo, emprendimos la escalada por el lado sur de la muralla de roca y, al cabo de una hora, alcanzamos la cima. Conseguimos aproximarnos hasta una pulgada del borde y, tumbados boca abajo, estiramos la cabeza con cautela para descubrir al fondo un espumeante infierno. No habían exagerado la estrechez de la garganta en la cresta al describírnosla. Dudo que haya siquiera quince pies entre los dos escarpados muros. De hecho, serían suficientes diez libras para tender un puente de hierro sobre el Nilo en este punto. Pero es evidente que, a consecuencia de la caída de las aguas, la roca del fondo debe de haberse arqueado y socavado hasta un grado extraordinario pues, de lo contrario, no dispondría de espacio suficiente para contener todo el caudal del río.

Permanecimos mucho tiempo en ese extraño lugar, contemplando las terribles aguas y admirando su magnífica furia mientras intentábamos calcular su potencia. ¿Quién puede negar que se están preparando unas riendas capaces de contener y dirigir esa energía, o de que llegará el día en que la desolada Fajao —ahora desierta y casi en ruinas— latirá al ritmo de la maquinaria manufacturera y la producción eléctrica? No puedo creer que la ciencia moderna se resigne a dejar tan poderosas fuerzas indomadas y estériles o que estas regiones de inagotable e inigualable fertilidad, capaces de ofrecer todo un surtido de productos que la industria civilizada necesita en mayor cantidad cada año, no puedan ser transformadas —pese a los insectos y al clima— en tierras de cultivo. No cabe duda de que la economía mundial continuará estando mutilada en tanto sigan prevaleciendo negligencias de este tipo pero, mientras que actuar con precipitación sería un derroche y una estupidez, todavía lo sería más poner límites al desarrollo estable del progreso.

De repente, el propio Nilo me despertó abruptamente de mis reflexiones lanzándome una nube de sus turbulentas aguas —sacudidas por algún extraño impulso al llegar al borde— que, tras borbotear un instante en la alta arista de roca, seca hasta ese momento, depositó un desagradable y tal vez indignado golpe de agua justo a mis pies.

IX Hippo Camp

Nos llevó bastante tiempo acomodar todo el equipaje, comida y tiendas a bordo de la lancha y de los barcos de acero; de modo que, aun llevando en pie desde las tres y media, no estuvimos dispuestos para embarcar hasta que empezó a romper el alba. Entonces el *James Martin* se encajó sobre una roca situada a unas yardas de la protegida ensenada y, de súbito, pareció volverse más duro y resistente; por mucho que tratáramos de arrastrarlo con la lancha a todo vapor, contando además con el impulso de la corriente, no conseguíamos moverlo ni una sola pulgada. Así pues, decidimos aligerar el navío rezagado descargando todos los bultos para transferirlos a las canoas auxiliares. A continuación, James Kago ordenó a los nativos saltar al agua, que no tenía más de cinco pies de profundidad, y empujar el pequeño barco levantándolo mientras la lancha lo remolcaba. Pero los hombres se mostraron reacios a ejecutar esa tarea por temor a los cocodrilos que, a despecho de todo el traqueteo y el ruido, podían lanzar una embestida en cualquier momento. Entonces, el enérgico jefe los cogió uno tras otro por la cintura y los fue arrojando al agua hasta que consiguió reunir al menos a veinte alrededor del barco; por fin, entre la impaciencia de ellos por terminar su incómoda tarea y nuestro esfuerzo por tirar de la cuerda remolcadora, el *James Martin* quedó liberado y, tras cargarlo de nuevo, pudimos emprender el viaje.

Cuando llegamos al centro de la corriente, nos sorprendió la perspectiva más hermosa de las cataratas. Ya era casi de día pero el sol aún no se había levantado por detrás del gran promontorio por el que desciende el Nilo. Las orillas de ambas márgenes, cubiertas de densos bosques y alzándose desde el borde del agua hasta alcanzar casi el doble de altura que los Cliveden Woods, se veían oscurecidas por las sombras. El río parecía una ancha sábana gris acero, veteada con franjas de espuma más pálidas. Los rocosos pórticos de sus márgenes eran negros como el azabache y, en medio de ellos, iluminada por un único rayo de sol, brillaba la impresionante catarata: un espectáculo mágico y glorioso, merecedor de todo el trayecto que habíamos tenido que recorrer para contemplarlo.

Pronto nos encontramos en medio de los hipopótamos. Cada doscientas o trescientas yardas, en cada curva del río, nos tropezábamos con manadas de entre cinco y veinte ejemplares. Para nosotros, que viajábamos en barco de vapor, no representaban ningún obstáculo, y menos aún un peligro. Por el contrario, su inveterada hostilidad hacia las canoas produce frecuentes muertes entre los pescadores nativos, cuyas frágiles barcas estrujan como cáscaras de huevo entre sus enormes mandíbulas. De hecho, en este tramo del río que va de aquí a Nimule están considerados como el azote y el terror del Nilo. ¿Te imaginas confundir a un hipopótamo —casi el mayor mamífero superviviente del mundo— con un nenúfar? Y, sin embargo, nada es más fácil. Todo el río está salpicado de nenúfares flotantes, desprendidos de su raíz, que se deslizan con suavidad por la corriente. El hipopótamo suele arrellanarse en el agua dejando visibles solamente los ojos y la punta de las orejas y, como mucho, un atisbo fugaz de la nariz; de modo que, a trescientas yardas, su oculta silueta resulta indistinguible de la vegetación flotante. Se me ocurrió que también parecían gigantescos gatos atisbando. No obstante, nada más vernos aparecer por la esquina y oír el sonido de la hélice, sacaron la cabeza del agua para echar una ojeada y, acto seguido, se sumergieron en el fondo con aversión. Entonces recurrimos al método de soltar vapor y navegar silenciosamente entre ellos. De esa forma es posible llegar al medio de la manada y, en el momento en que la curiosidad o la falta de aire los obliga a subir de nuevo a la superficie, se presenta la oportunidad de dispararles. Un gran ejemplar salió a respirar a unas cinco yardas del barco y cuando volvió a zambullirse en el fondo con un intenso ronquido, la mirada de asombro, alarma e indignación en sus enormes y expresivos ojos me pareció cómica. Estas criaturas no son fáciles de matar. Asoman en los más inesperados lugares y se sumergen de nuevo en un segundo. Es preferible no correr el riesgo de dejarlos malheridos, aunque constituyen un blanco demasiado pequeño y escurridizo para que el tiro sea letal. Le disparé a un ejemplar que se hundió con una especie de gruñido bronco al tiempo que sonaba el sordo ruido del balazo. Esperamos allí mucho tiempo por ver si volvía a flotar en la superficie, pero la espera fue vana pues debió de ser arrastrado hasta un cañaveral y nos resultó imposible recuperarlo.

Las cataratas Murchison —o Karuma, como les llaman los nativos— se ubican a unas treinta millas de distancia del lago Alberto. Como teníamos la corriente a favor, conseguimos alcanzar las seis o siete millas por hora y esta parte de nuestro viaje fue bastante corta. El Nilo ofrece aquí una espléndida vía navegable. El canal principal tiene al menos diez pies de profundidad y la travesía, pese a los bancos de arenas movedizas y a las aglomeraciones de cañas y demás vegetación, no resulta complicada. Este tramo del río, de agua dulce y transparente, llega a alcanzar media milla de ancho en algunas zonas. Sus orillas, a lo largo de las veinte primeras millas, aparecían sombreadas por hermosos árboles y, de vez en cuando, rematadas por abruptos promontorios, profundamente escarpados por la corriente. Pronto pudimos divisar la serrada silueta de las altas montañas en el otro extremo del lago Alberto, recortándose entre sombras contra el cielo del oeste. A medida que uno se aproxima al lago, el paisaje ribereño va degenerando: los bancos de arena se vuelven más intrincados, las tierras de la orilla son bajas y llanas e inmensas marismas invaden ambas riberas del río. Aun así, el viajero continúa desplazándose a través de un mundo fascinante.

Al final, tras cinco o seis horas de navegación a vapor, abandonamos la desembocadura del Nilo Victoria para adentrarnos en las vastas superficies del lago. Afortunadamente en esta ocasión estaba bastante tranquilo. ¡Cómo lamenté entonces haber permitido que el tiempo y los agoreros me escatimasen un periplo más largo! ¡Podíamos habernos dirigido hacia el sur y, circunvalando el Alberto, ascender el río Semliki con todos sus misteriosos atractivos, visitar los bosques de la margen sudoeste y atisbar tal vez un destello de las nieves de Ruwenzori! Pero nos encontrábamos en las crueles garras de unos planes cuidadosamente meditados y como a los niños en una tienda de juguetes de navidad, que siempre miran hacia atrás, siempre nos estaban metiendo prisa.

Con todo, la demora ofrecía tantas recompensas como el avance. Algunos miembros de la partida se habían ganado la confianza del ingeniero hasta el punto de conseguir que les revelase un valioso secreto. Al parecer, "en algún lugar entre el lago Alberto y Nimule" —no demasiado preciso— existía un área, solamente conocida por los elegidos, y no por más de uno o dos, donde abundaban los elefantes y bullían los rinocerontes. Y aquellos rinocerontes, tómese nota, no pertenecían al vulgar tipo negro, con dos gruesos cuernos casi del mismo tamaño y una punta prensil en la nariz; en absoluto, eran de la variedad conocida como rinoceronte "blanco" —rinoceronte blanco Burchell* es la denominación completa— que tiene un delgado y enorme cuerno en la nariz, de hasta una yarda de largo, y los labios superiores anchos y cuadrados. Como es de suponer estábamos todos muy excitados y, con el fin de ganar un día en nuestro itinerario para observar de cerca estos extrañísimos y excepcionales animales, decidimos seguir navegando toda la noche en vez de desembarcar para montar el campamento. Mientras tanto, nuestro amigo el ingeniero se dispuso a llevar a cabo la hazaña de distinguir el canal adecuado, con todos sus recovecos, en medio de la oscuridad.

* Por cortesía de Mr. Kydekker, del *British Natural History Museum*, he tenido conocimiento de que el verdadero nombre del rinoceronte blanco que se encuentra en Uganda es *Rhinoceros simus cottoni*. "Rinoceronte blanco Burchell" es la designación que se aplica a la raza del sur, pero en el texto he preferido mantener el nombre comúnmente usado en Uganda. (N. del A.)

El escenario, a medida que íbamos abandonando el lago Alberto para internarnos en el Nilo Blanco, era de una asombrosa belleza. El sol estaba poniéndose por detrás de las altas y quebradas cumbres de las montañas Congo, hacia el oeste. Una tras otra, cordillera tras cordillera, estas magníficas alturas —que se alzan hasta unos ocho mil o nueve mil pies— se desplegaban en ondulaciones de oscura roca color ciruela, coronadas por un fuego dorado. El lago se expandía hacia el sur, aparentemente sin límites, como el cielo, en una creciente protuberancia de aguas que, al abandonar las sombras de las montañas, se iban tiñendo de un delicioso tono rosa. A través de su superficie, nuestra reducida flotilla —cuatro naves en fila india— se abría camino hacia las riberas más estrechas del norte y el canal del Nilo.

El Nilo Blanco abandona el lago Alberto con majestuosidad. El tramo hasta Nimule, en general, recuerda más a un lago que a un río. Durante las primeras treinta millas me pareció que su caudal medía, como mínimo, dos millas de ancho. La corriente es suave y las amplias lagunas y bahías en las que, a veces, se dispersan sus plácidas aguas, apenas son perceptibles. Dormí en la cubierta del *Kisingiri*, el último bote de la fila, que, salvo por el timonel nativo y las pilas de equipaje, tenía todo para mí solo. Resultaba realmente delicioso permanecer allí tendido, abanicado por la fresca brisa y arrullado por los relajantes lengüetazos de las ondas y, como desde un país de ensueño, ver pasar los oscuros contornos de las orillas deslizándose con rapidez junto a largas capas de agua iluminadas por la luna.

Para el amanecer estábamos en Wadelai. A las veinticuatro horas de salir de Fajao ya habíamos recorrido casi cien millas de trayecto. Sin el suspiro de un solo porteador, los botes y la lancha habían transportado todo nuestro "safari" hasta una distancia que, en tierra, habría requerido el esfuerzo y sufrimiento de trescientos hombres, por lo menos, durante una semana de ininterrumpida marcha. Tales contrastes son los que imponen la necesidad de recurrir a las vías navegables del África central y establecer una completa circulación a lo largo de estas rutas, usando el ferrocarril, en principio, para realizar las conexiones entre ellas.

Wadelai estaba desierto. En una elevada orilla del río se alzaban los muros de una fortaleza, algunos edificios de estilo europeo y una larga hilera de altas casas con puntiagudos tejados de paja. Todo parecía recientemente abandonado y en ruinas. Los belgas estaban evacuando todos sus puestos en el Enclave del Lado, excepto el propio Lado, y estas poblaciones, construidas con gran tesón y conservadas durante tanto tiempo, pronto serán devoradas por la jungla. En la actualidad, el Gobierno de Uganda está reduciendo sus cuarteles y oficinas administrativas en la provincia del Nilo de modo que, no sin melancolía, el viajero observa el espectáculo de la civilización en claro retroceso tras más de medio siglo de experimentación y esfuerzo.

Tras desembarcar, escalamos las pendientes, atravesando zonas de alta hierba y desperdigados peñascos, hasta desembocar entre los podridos *bungalows* y las cabañas de lo que había sido un audaz reclamo para la existencia de una gran ciudad. Wadelai había estado ocupada por blancos unos cincuenta años. Durante medio siglo, una leve antorcha de modernidad —cigarrillos, periódicos, whisky y conservas— había ardido en las solitarias riberas del Nilo Blanco para animar y atraer a pioneros y colonos. Nadie había seguido su luz. Ahora ya estaba extinguida; con todo, al contemplar el despejado paisaje de verdes campos y altos picos, cubierto por la vegetación que surgía desde el mismo borde del imponente y majestuoso río, me sentía incapaz de aceptar que la civilización haya actuado así en la provincia del Nilo y el Enclave del Lado, o que estas regiones tan prometedoras carezcan de porvenir.

Durante todo el día estuvimos remando en la corriente sin tropiezos. Algunas veces el Nilo se perdía en laberintos de papiro que recordaban a las proximidades del lago Kioga y nos obligaban a trazar un tortuoso curso en que menudeaban los roces y golpes en las curvas. Pero con mayor frecuencia, las márgenes eran de un sólido terreno que, salpicado aquí y allá por bellos acantilados de piedra rojiza, erosionados por el agua, se elevaba abruptamente desde la ribera cubriéndose de exuberante follaje. En algunos sitios los promontorios estaban perforados por estrechas sendas, casi túneles, de aspecto muy suave y regular, que serpenteaban hacia terrenos más altos. Parecía como si estuvieran construidas a propósito para dar acceso al río; y para eso precisamente habían sido hechas... por los elefantes. Legiones de aves acuáticas vivían en los cañaverales y tropas de grullas levantaban el vuelo ante la aproximación de la flotilla. De vez en cuando divisábamos enormes pájaros semejantes a pelícanos, casi tan grandes como seres humanos, que permanecían en actitud contemplativa sobre una sola pata y, a menudo, un águila pescadora aparecía posada en un árbol, gloriosa en bronce y crema, tomando el sol mientras esperaba al acecho de alguna presa.

En una ocasión me detuve con la esperanza de atrapar mariposas pero no encontré ningún ejemplar digno de interés, sino una profusa variedad de tipos comunes, un alto nivel de mediocridad sin bellezas ni líderes, y enjambres de feroces mosquitos preparados para disputarle su territorio a cualquier recién llegado. Eran ya casi las cuatro de la tarde cuando la lancha giró a la izquierda para salir de la corriente principal a una pequeña bahía semicircular, situada a unas quinientas yardas; por fin habíamos arribado a tierra firme, estábamos en "Hippo Camp".

Supusimos que sería demasiado tarde para salir a cazar nada de envergadura. Apenas quedaban tres horas y media de luz natural. No obstante, tras pasar treinta y seis horas estrujados en aquellos reducidos botes, nos resultaba muy atractiva la idea de dar un paseo por la jungla; así que decidimos dividirnos en tres partidas y encaminarnos en direcciones diferentes, como los radios de una rueda. El capitán Dickinson, que mandaba la escolta, se dirigió hacia la derecha con el doctor; el coronel Wilson y otro funcionario partieron en dirección perpendicular a la orilla del río y yo tomé a la izquierda, guiado por nuestro amigo el ingeniero. Hago a continuación un breve relato de lo que nos sucedió a cada uno. La partida de la derecha, tras una hora de marcha, encontró una gran manada de elefantes que calcularon en más de sesenta. Cuando se vieron rodeados por todas partes de estos formidables animales, entre los que no divisaron ningún macho notable, era ya una hora tardía y, como soplaba un viento variable y teníamos libre la mañana siguiente, consideraron más sensato volver al campamento sin haber disparado. El coronel Wilson y su compañero, que formaban la partida del centro, se encontraron de pronto, tras media milla de marcha, frente a un solitario y soberbio elefante macho. Lo acecharon durante algún tiempo hasta que intentó escaparse pero, al sentirse perseguido, de súbito, sin el más ligero aviso por su parte ni excesiva provocación por la de ellos, levantó la trompa y los embistió barritando con furia; sólo les dio tiempo a dispararle en la cabeza y apartarse de su camino. Lo estuvieron siguiendo a lo largo de unas millas pero, hasta tres meses después, no tuvimos noticia de que había muerto a causa de las heridas y los nativos se habían apoderado de sus colmillos.

Esos fueron los resultados de las otras dos partidas. Mis compañeros y yo, que tomamos hacia la izquierda, nos dirigimos desde la orilla del río hacia el interior trazando un paulatino sesgo. Era un terreno agreste y llano, de pedregal y alta hierba, poblado por abundantes árboles y por arbustos de moderado tamaño que, a intervalos de unas cien yardas más o menos, se veían atravesados por otros mucho más altos. En las vecindades del Nilo las extensas ciénagas, con cañas de hasta quince pies de altura, se internaban en tierra formando largas bahías y brazos que, según nos dijeron, constituían los dominios del rinoceronte blanco. Debíamos de llevar tres cuartos de hora avanzando con esfuerzo y cautela cuando, a través de un claro, vi un voluminoso y oscuro animal, a unas doscientas yardas de distancia. A juzgar por mi experiencia en el África Oriental, estaba casi seguro de que se trataba de un rinoceronte. Nos detuvimos para observarlo con atención a través de los prismáticos; cuando lo estábamos mirando, de repente, pareció triplicar su tamaño y desplegó sus gigantescas orejas, tan grandes como las hojas de una puerta-ventana, como si quisiera proclamar la presencia del elefante africano. Al instante se revelaron a la vista otro y otro y otro, balanceándose con parsimonia en nuestra dirección; fatalmente, teníamos el viento en contra.

Cambiamos de posición desviándonos con admirable rapidez y, desde lo alto de un cercano hormiguero, pudimos contemplar una solemne y sobrecogedora procesión de once elefantes desfilando a unas ciento cincuenta yardas de distancia. Allí los teníamos, contoneándose de un pie a otro: dos o tres machos de colmillos poco valiosos, varias corpulentas hembras sin ellos y dos o tres ejemplares jóvenes. En la grupa de cada uno de los animales se veía al menos una hermosa garceta —y hasta tres o cuatro en alguno— de unos cinco pies de altura, picoteando el duro pellejo, en busca de diminuta caza al parecer, o contemplando el escenario con aire de gravedad. Estas escenas no le resultan desconocidas al cazador africano pues aquéllos que moran en la selva son los herederos de sus maravillas. Pero confieso que a mí me parecía una deliciosa y emocionante experiencia merodear a través de un bosque habitado por estos nobles titanes, observando su misteriosa marcha, casi fantasmal, y descubrir por todas partes a mi alrededor, en grandes árboles mordisqueados hasta cerca de la raíz o en enormes ramas desgajadas por diversión, las pruebas de su gigantesca fuerza. De pronto, cuando estábamos contemplando su desfile camino del agua, oí un blando crujido justo a nuestras espaldas que me hizo girar la cabeza para descubrir, a menos de cuarenta yardas de distancia, un espléndido rinoceronte adulto, con el fino y largo cuerno de su extraña tribu como marca —el mismísimo rinoceronte blanco Burchell, tan famoso— que regresaba tranquilamente a casa, tras su ración de agua vespertina, ¡inconsciente por completo de la presencia de extraños o enemigos!

Habíamos calculado nuestra posición para que el viento no nos delatara ante los elefantes. Así pues, no estábamos bien situados respecto al rinoceronte que, en cuanto avanzase otras cincuenta yardas, olfatearía en el aire nuestra presencia. Por mi parte, encaramado a la cúspide de un hormiguero de unos diez pies de altura, no tenía nada que temer. Me hallaba a buen recaudo. Pero ni los marineros y ayudantes nativos que nos acompañaban ni mis compañeros gozaban de la misma seguridad. A semejante distancia y con el viento en contra, en caso de fallar el tiro habría desencadenado un inmediato y violento ataque contra nuestra partida. Sin duda me paralizó el sentimiento de responsabilidad, pero también debo reconocer mi tremenda sorpresa ante aquella inesperada aparición. Mientras instaba a mis compañeros, con señas y silbidos, a refugiarse en un lugar seguro, el rinoceronte siguió avanzando, cruzó la zona expuesta al viento, se detuvo un instante detrás de un arbusto y enseguida, advertido del peligro, se internó a toda velocidad en los más profundos escondrijos de la jungla. Acababa de desperdiciar el blanco más fácil que jamás se me ha presentado en África. Entretanto, los elefantes habían desaparecido.

Regresamos al campamento con las manos vacías y el corazón palpitante, no sin lamentar que se hubiera desvanecido nuestra oportunidad, pero con un voraz apetito y una gran esperanza depositada en la mañana siguiente. Así pues, en el transcurso de tres horas y en las cuatro millas de trayecto desde el punto de desembarque, nuestras tres partidas habían encontrado tantos animales salvajes como sería posible tropezarse en una jornada ordinaria de caza mayor. Cuando aquella noche me tumbé a dormir en el pequeño *Kisingiri*, que permanecía amarrado en la bahía, y escuché los roncos gruñidos de los hipopótamos, que flotaban y retozaban a mi alrededor, confundiéndose con los chillidos de los pájaros y los suaves sonidos del viento y el agua, por primera vez sentí en el corazón la llamada de la selva africana, subyugante, irresistible, imposible de olvidar jamás.

Estaba rompiendo el alba cuando nos pusimos en camino observando el mismo orden y con los mismos firmes propósitos de la tarde anterior. Por la noche los marineros habían fabricado con largas varas de bambú una especie de ligero trípode que, utilizado como una torre de observación que nos ofrecía una amplia perspectiva por encima de las cañas y la alta hierba, demostró ser muy eficaz y apropiado, por más fastidioso que resultara desplazarlo a rastras. Aunque pasamos toda la mañana al acecho, la jungla, que doce horas antes parecía abarrotada de todo tipo de animales salvajes, aparentaba estar totalmente desierta. Por fin, a través de un telescopio instalado en la rama más alta de un árbol, avistamos —o al menos eso creímos— cuatro o cinco elefantes, o cualquier otro tipo de enormes animales, pastando a una distancia aproximada de dos millas. Se hallaban en el extremo opuesto de un inmenso pantano; para acercarnos a ellos, no sólo necesitábamos atravesarlo, sino también rodearlo, a causa del viento predominante.

Nos zambullimos en aquel inmenso laberinto de cañaverales, siguiendo los intrincados senderos abiertos por los animales y sin saber con qué nos íbamos a tropezar de un momento a otro. El suelo por el que caminábamos, aunque rodeado de canales y pozas de agua y fango, estaba bastante firme. El aire era sofocante. La opulenta vegetación de cañas y plantas parecía asfixiarnos y, a través del entrelazado que formaban, se veía brillar en lo alto el abrasador sol de mediodía. Avanzar vadeando por semejante terreno durante dos horas, como mínimo, con un rifle de dos cañones de calibre ·450 en las manos —dispuesto para ser usado en cualquier momento—, escudriñando cada rincón y sospechando de cada espino, no resulta tan placentero como pudiera parecer. Por fin emergimos del otro lado, bajo un glorioso árbol que, gracias a su altura, nos sirvió como una baliza en las profundidades del pantano y cuyas desplegadas ramas nos ofrecieron una deliciosa sombra.

Eran las tres de la tarde. Llevábamos merodeando sin descanso nueve horas y no habíamos divisado nada, literalmente nada. Pero a partir de entonces tuvimos una suerte extraordinaria. Primero vimos a dos jabalíes luchando por diversión en un pequeño claro, un espectáculo de lo más interesante del que sólo pudimos disfrutar durante dos o tres minutos, hasta que salieron disparados al descubrir nuestra presencia. A continuación, divisamos una docena de espléndidos antílopes cob que se hallaban curioseando en la cresta de una pequeña loma, a fácil alcance de tiro; cualquier otro día habrían constituido una buena presa pero, en aquel momento, nuestro objetivo era más ambicioso y no queríamos arriesgarnos a perturbar la jungla, por muy hermosos que fueran sus cuernos. Y ya, en tercer lugar, nos topamos de narices con los rinocerontes. No estoy seguro de su número exacto pero, como mínimo, eran cuatro. De hecho, acabábamos de pasar al lado de los árboles bajo los que se ocultaban. Y allí los teníamos ahora, a nuestras espaldas, a sesenta yardas de distancia hacia la izquierda; sus siniestros cuerpos, oscuros y mortecinos, apenas se distinguían entre la cimbreante hierba.

Cuando disparas un rifle pesado a sangre fría, sientes castañetear los dientes y un cierto dolor de cabeza. Sin embargo, en un momento así apenas eres consciente del retroceso producido por el cañonazo. Lo mismo sucede con una escopeta de caza. El rinoceronte más cercano se hallaba de costado y le acerté de lleno con las balas de ambos cañones; cayó abatido al instante pero logró volver a levantarse a fuerza de horribles contorsiones y, al intentar avanzar, sus cuernos, orejas y cabeza florecieron agónicos sobre la hierba mientras yo recargaba el arma para efectuar dos nuevos disparos. Eso fue todo lo que alcancé a ver. Otros dos rinocerontes escaparon colina arriba y el cuarto dirigiéndose en dirección contraria, envistió contra los marineros indígenas que transportaban nuestra torre de observación, quienes la dejaron caer encantados antes de desperdigarse en todas direcciones.

Pegarle un tiro a un espléndido ejemplar de rinoceronte blanco es un hecho tan relevante en la vida de un cazador como para convertir el día en que sucede en una brillante y memorable fecha de su calendario. Pero todavía nos estaba reservada una emoción más fuerte antes del anochecer. A una milla aproximada del lugar donde yacía nuestra víctima, hicimos un descanso para festejar nuestra suerte y, lo que es más importante, refrescarnos. De nuevo fue montada la torre de observación —que con tanta fatiga había sido arrastrada durante todo el día— y, al encaramarme a ella, distinguí enseguida en la orilla del pantano, a una distancia de apenas cuatrocientas yardas, nada menos que cuatro rinocerontes adultos. Protegidos del viento por un elevado hormiguero que se hallaba próximo, los esperamos al acecho. Pero sospecho que el lector ya ha perdido suficiente tiempo en este paraíso de caza. Baste con añadir que matamos a dos monstruos más, mientras otro se escapaba hacia el pantano; el cuarto, imbuido de un ímpetu salvaje, cruzó galopando entre la partida sin, al parecer, sufrir ningún daño ni tampoco infligírnoslo a nosotros. A continuación, tras marcar los lugares donde yacían las piezas, regresamos al campamento a través del pantano, demasiado contentos o demasiado agotados para preocuparnos por los enfurecidos fugitivos que acechaban en sus escondrijos. Cuando llegamos era ya muy tarde y nuestros amigos, después de arrancarle los colmillos al magnífico elefante cazado por el coronel Wilson, estaban asando un gamo que había vuelto a abastecer nuestra despensa en el momento más oportuno.

Así transcurrió nuestro día en "Hippo Camp", un sitio que recomiendo visitar al ferviente cazador, siempre y cuando pueda encontrar a alguien que le muestre el camino.

X Nilo Blanco abajo

Nos demoramos otros dos placenteros días en "Hippo Camp", recorriendo en la lancha las lagunas y otras zonas de aguas estancadas del río e internándonos a veces tierra adentro en busca de la enorme manada de elefantes. Pero, aunque los árboles mordisqueados y el hollado suelo, así como las anchas sendas abiertas entre la hierba, proclamaban su reciente presencia por todas partes, no avistamos ninguno; los nativos que una tarde nos ayudaron a transportar al campamento un surtido de venados, nos comunicaron con experta autoridad en el tema que la manada en pleno, alarmada por la llegada de extraños y el sonido de disparos, se había retirado a un lugar situado a tres jornadas de viaje desde la orilla del río. Como estos indígenas —del Enclave del Lado— nos dispensaron un trato muy cordial, pude mantener largas conversaciones con ellos acerca de sus costumbres. La absoluta desnudez de sus atléticos y agraciados cuerpos resultaba muy digna, con sus brillantes y profundos ojos y sus largas manos, huesudas y refinadas. El jefe local exhibía todas las características de un rango superior y su natural preeminencia se reflejaba en la instantánea obediencia de sus seguidores. Los colmamos de regalos. Grandes cantidades de carne y pieles para empezar; luego, chocolate para todos —les encantan los alimentos dulces—, tres paquetes de azúcar para cada uno, una botella vacía por cabeza, como mínimo, y ollas de latón y cajas de cerillas casi sin límite. El jefe mostró un gusto exquisito respecto a todas estas cosas y, al estilo imperial, se apropió de todo lo que le gustaba, sin importarle a quien perteneciera. Busqué el modo de dispensarle un privilegio especial y, por fortuna, recordé que, a mi paso por Port Said en el viaje de ida, me había comprado un *kimono* japonés para utilizar como bata. Se lo puso de inmediato y debo decir que exhibió la flotante prenda con el sencillo garbo y el aplomo natural característicos de la vida salvaje. De esta forma, a través de la iniciativa europea, se introducían en el corazón de África las telas de Cathay.

Cuando, con mucha reluctancia, abandonamos al fin este atractivo lugar y nos internamos de lleno en la corriente, decidimos dirigirnos a Nimule sin más dilaciones. Tras navegar durante toda la noche y el día siguiente por el ancho canal que discurría entre dos empinadas y robustas laderas —cubiertas a veces de bosques y otras, de ondulante hierba—, ya hacia las cuatro de la tarde, nos aproximamos a las montañas bajo las cuales se halla el enclave administrativo de Nimule. Desde nuestra salida del lago Alberto hasta ese momento, el curso del Nilo había sido fluido y abierto, un ancho río de estable caudal, accesible en todos sus tramos a barcos de un calado inferior a cuatro pies. No obstante, en Nimule, tras un tramo de más de ciento setenta millas de ininterrumpido canal, el río da un súbito giro a la derecha para penetrar en una larga sucesión de gargantas de granito de las que emerge precipitándose en continuas cataratas a lo largo de ciento veinte millas. Es justo ahí, en la cabecera de estos rápidos, donde algún día debe ser construido uno de los mayores embalses del Alto Nilo. A este respecto comentó Sir William Willcocks, el "pragmático soñador" de la ingeniería hidráulica: «Me pasé horas contemplando ese lugar, imaginándome la enorme presa que regulará el caudal del río algún día». Y en efecto, ejercer un preciso control científico sobre el vasto sistema de las aguas centroafricanas, los niveles de cada lago, la corriente de cada canal, mes a mes y día a día a lo largo de todo el año, es una necesidad tan obvia e indiscutible que este recurso no debería permanecer desperdiciado.

La variación experimentada en las características del río acabó por separarnos de nuestra flotilla. De Nimule a Gondokoro debimos viajar de nuevo por tierra, de modo que el rápido y relajado progreso de los últimos días fue sustituido por los penosos esfuerzos de las caminatas. Como ésta era la etapa de nuestra expedición que siempre me habían descrito como la más peligrosa y malsana, me había figurado ocho días de dificultosas marchas a través de pantanos y bosques, entre miasma y mosquitos. Pese a ello, las previsiones no se cumplieron. No me voy a explayar sobre los inconvenientes de caminar siguiendo la orilla del río, pero sí apuntar que la carretera que recorre la cima de las colinas es, sin duda, excelente y saludable, discurriendo todo el tiempo sobre firmes y secas ondulaciones de un brillante terreno acariciado por constantes brisas y cubierto de arbustos.

En Nimule volvimos a tener acceso a la línea telegráfica y, por las señales de Reuter que estuve examinando, me enteré de que el Parlamento no se reuniría hasta el 19 de enero. Eso me daba otros diez días de margen. Entonces empecé a ser consciente de que el espíritu de estas fértiles tierras se había apoderado de mí por completo; sólo con la mayor desgana y contrariedad había conseguido forzarme a emprender el viaje de regreso, en lugar de dar marcha atrás para circunnavegar en lancha el lago Alberto. Ningún esfuerzo o inconveniente me parecía demasiado grande con tal de captar unas cuantas imágenes de aquellos fascinantes mares y bosques que quizás no volvería a contemplar, pero cuyo hechizo nunca me abandonaría. Sin embargo, la idea de los porteadores demandando su sustento día tras día, del barco de vapor del *sirdar** esperándonos en la frontera del Sudán y de las reuniones políticas que se cernían en la distancia, me indujeron a avanzar hacia delante y, aun sintiendo un agudo y genuino pesar, emprendí la marcha hacia Gondokoro.

Realizamos el viaje sin novedad en seis etapas, tres de las cuales fueron dobles. El terreno era despejado y agradable, el paisaje impresionante y, bajo el implacable sol, corría una fresca brisa. Cada mañana nos poníamos en camino antes del amanecer y para mediodía ya estábamos acampados junto a uno de los ríos tributarios que fluyen hacia

* *Sirdar:* oficial británico del Ejército egipcio que ejercía como gobernador del Sudán.

el Nilo. El más importante de éstos era el Asua y la imagen de un largo *safari* vadeándolo hasta llegar a un campamento ubicado entre las palmeras de su margen sur, permanecerá en mi memoria como una de las más fascinantes. Pero debo señalar que, de alguna manera, el encanto se rompe más allá de Nimule; ninguna otra de las regiones que el viajero atraviesa en el largo descenso del Nilo reproduce esas deliciosas sensaciones de sorpresa y maravilla que se asocian con los grandes lagos y los reinos de Uganda, Usoga y Unyoro, por no hablar de lo que no he tenido la suerte de conocer, como Toro, Ankole, el Semliki y las Montañas de la Luna*.

Al final del sexto día llegamos a Gondokoro. La última caminata había sido larga y abrasadora. Era como si la humedad hubiese abandonado el aire, y la vegetación, aun siendo abundante, aparecía reseca y raquítica. Los accesos a Gondokoro están bloqueados por una manada de unos trescientos elefantes de particular mala reputación. Casi todos los machos que ostentaban colmillos aceptables han sido abatidos. Las hembras y los ejemplares jóvenes son cautelosos y fieros; habituados al frecuente contacto con los blancos y protegidos por sagradas leyes de caza, ejercen un tiránico e incontrolado poder sobre toda la región. Por todos lados saltan a la vista los efectos de su depredación. Grandes árboles derribados sólo por diversión, plantaciones nativas destruidas por sus pisadas, carreteras inservibles para los viajeros, el correo interrumpido a menudo durante días y hasta ocasionales pérdidas de vidas: he aquí los resultados de su dominio. Y parece probable que se prolongue durante mucho tiempo pues, según me informaron, los jóvenes machos seguirán creciendo todavía durante unos cuarenta años y, aun entonces, como los dos funcionarios blancos del enclave no están autorizados para cazar más de un ejemplar al año, sólo muy lentamente podrá ser abatido este obstáculo.

Los elefantes solitarios son, por el contrario, un blanco legítimo en cualquier momento y, el día anterior a nuestra llegada a Gondokoro,

* Montañas de la Luna: nombre utilizado por Tolomeo para referirse a la sierra Ruwenzori, donde suponía que se hallaban las fuentes del Nilo.

el joven funcionario encargado del puesto se había encontrado con uno en una situación que difícilmente iba a olvidar. Tras haber perseguido durante cierto tiempo a esa criatura maligna, logró colocarse en una excelente posición y, cuando estaba a punto de dispararle desde una distancia de unas treinta yardas, de pronto, sin barritar siquiera, el elefante lo embistió con furia y, haciendo caso omiso de las dos balas que le golpearon la cabeza, lo persiguió alrededor de un raquítico arbusto hasta que, de repente, atraído por el espectáculo del asistente nativo que huía, se volvió hacia esta nueva presa y lanzándose sobre el pobre infeliz, lo hizo añicos con una embestida de su terrible trompa. «*Cet animal est très méchant; quand on l'attaque, il se défend.*» En cuanto regresamos al *bungalow* que sirve como sede del Gobierno, pudimos observar los colmillos de ese exterminador de hombres que, una vez muerto a consecuencia de las heridas, había sido trasladado allí por los miembros de la tribu cuyas plantaciones solía devastar.

Godonkoro, como la mayoría de los impresionantes nombres que figuran en el mapa de África, no es una ciudad demasiado poblada. Consiste únicamente en seis casas y algunas cabañas indígenas. Sin embargo, dispone de puesto de telégrafo, prisión, juzgado, una guarnición de policía y otra del Batallón de Fusileros Reales. Aquí el Nilo vuelve a ser navegable, ofreciendo una vía fluvial continua y accesible a grandes buques hasta llegar a la catarata de Shabluka, situada unas cien millas por debajo de Jartum y a quinientas millas de Gondokoro. En la margen del río, a través de una celosía de palmeras, se distinguían la parte superior y la blanca chimenea del vapor del *sirdar*, donde se encontraban las cartas y publicaciones que, en lugar de seguir nuestros pasos a través de Uganda, habían "llegado por el otro camino".

"Habían llegado por el otro camino". ¡Qué fácil es de escribir, pero qué significativo resulta en la historia moderna de África! Hace tan sólo diez u once años este viaje que ahora había realizado con suma rapidez, eficacia y comodidad, habría sido totalmente impensable. El imperio derviche, que se extendía de Wady Halfa y Abu Hamed a Wadelai, interponía entonces una infranqueable barrera que nada podría derribar sino una ofensiva directa, y estos largos tramos del

Nilo, que ahora cobijan una flota de cincuenta buques de vapor, permanecían en silencio frente a los ataques de la devastadora barbarie. Una siniestra matanza, que había sembrado las arenas de Kerreri —a unas mil doscientas millas en dirección norte— de cadáveres cubiertos con *jibbas** "como crestas de nieve", había abierto un acceso que liberaba el Nilo.

Tras embarcar en Gondokoro abandonamos el territorio administrado por la Oficina Colonial para entrar en los dominios de esa indefinida autoridad conjunta, que gobierna el Sudán en nombre de las dos banderas que aparecen izadas en todos los edificios públicos, y a la que sólo se puede acceder a través del Ministerio Británico de Asuntos Exteriores.

De allí en adelante nuestro viaje fue más fácil y cómodo. Aunque ya no tenía ninguna misión oficial que cumplir, simplemente regresaba a casa por el camino más corto, no podía atravesar el Sudán sin experimentar un gran interés. Cuando se ha salido de El Cairo para avanzar por el Nilo hasta Wady Halfa, cruzando la desierta línea de ferrocarril de Atbara y cubriendo doscientas millas desde allí hasta la batalla de Omdurman, es fácil imaginar que ya se conoce algo del Nilo. En esta ocasión, sin embargo, lo habíamos seguido por el otro lado durante casi quinientas millas y, a medida que este poderoso e incomparable río desplegaba su recorrido y su historia inmemorial, cuando aún quedaban mil doscientas millas más antes de llegar a Omdurman, el sentimiento de reverencia sin el que ningún viajero debe beber sus dulces aguas iba creciendo en intensidad.

Nadie podría valorar más que yo las obras de construcción y reforma que Sir Reginald Wingate y sus competentes funcionarios, con escasos medios y pese a los graves peligros militares, llevaron a cabo en el Sudán. Aun así, no es posible descender el Nilo desde sus fuentes, en las cataratas Ripon, sin ser consciente de que lo más impresionante va quedando atrás. Uganda es la perla. La provincia del Nilo y el Enclave

* *Jibba:* especie de manto que forma parte de la indumentaria tradicional de los musulmanes egipcios.

del Lado ofrecen espléndidos y fascinantes panoramas. Incluso el trayecto de Nimule a Gondokoro se realiza a través de una fértil y evocadora región. Pero, a partir de ahí, se desvanece tanto la belleza del paisaje como la fecundidad de la tierra. Abandonamos las zonas de lluvias abundantes, de exuberancia ecuatorial, de dóciles gentes y espléndidas flores, mariposas y aves. Entramos en austeros reinos, de siniestro y repulsivo aspecto, donde predomina una naturaleza cruel y estéril y, a menudo, el hombre es un ser fanático armado con rifle. Los cultivos, e incluso la vegetación, se limitan a ocupar una banda a lo largo de las riberas e incluso allí los arbustos espinosos y los aloes repletos de pinchos ejercen como jefes constituyentes. Nos internamos en dos sucesivos desiertos, aunque en apariencia muy contrastados, temibles ambos por su absoluta carencia de hospitalidad, como los círculos del infierno de Dante: el desierto de Sudd y el de Sand.

A unas cien millas de Gondokoro, el Nilo Blanco penetra y se desparrama en un vasto y asombroso pantano. Sobre los efectos de esta tremenda esponja, si son beneficiosos por regular el caudal o perjudiciales debido al despilfarro de agua por evaporación, no me voy a pronunciar. Pero, a primera vista, tiene un aspecto tan lúgubre y terrorífico que atravesar sus aguas constituye una experiencia espectral. Nuestro barco, con la corriente a favor, avanzaba a unas siete millas por hora y, como había luna llena, viajábamos día y noche. Estuvimos navegando por ese horrible pantano, donde se podría apiñar sin problemas todo el Reino Unido, durante tres días y tres noches. Por el día, desde la parte de arriba de la alta timonera, se disfrutaba de una impactante vista que, hora tras hora y en cualquier dirección, revelaba un ininterrumpido océano de vegetación flotante que se diluía en el horizonte. La planta del papiro, en sí misma, es una bonita criatura, graciosa y adorable. Pese a ello, viajar por el *sudd** implica odiarlo para siempre. Con una altura de quince pies sobre el nivel del agua mientras sus raíces se hunden hasta treinta pies bajo tierra, tan enmarañado y espeso que los elefantes pueden caminar segu-

* *Sudd:* planta del papiro o terreno en el que abunda.

ros sobre su flexible superficie, el papiro es el principio y el fin de este desolado mundo. A lo largo de cientos de millas no se divisa nada más, ni una azulada cresta de montaña en el horizonte, ninguna morada humana, ni un indicio de animales, apenas un árbol. El silencio sólo se ve rasgado por el canto de innumerables ejércitos de ranas o por el chillido de lóbregos pájaros.

Gracias a la vigorosa labor de los cortadores de *sudd* se ha abierto un canal de unos cientos de yardas de ancho que, mantenido y mejorado por el constante tráfico de vapores, serpentea formando recovecos y bucles a lo largo del pantano. El río presenta una profundidad de unos treinta pies en este tramo, de manera que, a lo largo de casi mil millas, resultaría navegable para barcos de mayor calado. Se trata de una intrincada y peculiar travesía. De hecho, podría constituir todo un arte en sí misma. Los pilotos árabes, simples asalariados, no tienen ningún reparo en colisionar con las márgenes. Por el contrario, cuentan con ello como un factor esencial en el manejo del barco. La embarcación tropieza sin cesar, casi en cada esquina, de una mata de *sudd* a otra, o se incrusta de frente en los cañaverales y espera a que las corrientes hagan girar la popa hasta hacerle recobrar de nuevo el rumbo. En ocasiones, cuando las curvas eran muy cerradas, dábamos un giro completo no una, sino dos o tres veces, con la consecuencia de que, al seguir una curva en forma de ese, nuestros movimientos fueran aún más enrevesados. Había momentos en que nos barrían literalmente de los asientos tirándonos despatarrados sobre la cubierta. De esta curiosa manera, logramos abrirnos camino, danzando a toda velocidad, durante diecisiete o dieciocho horas.

Entretanto, el Nilo iba forjando su destino. Sus respetables ríos tributarios, el Sobat y el Bahr-el-Ghazal, acudían a reforzar su caudal. Las millas se multiplicaban a nuestras espaldas en una larga sucesión de cientos. Al final, las extensiones de *sudd* empezaron a reducirse. Lejanas montañas mostraban su agudo perfil recortado contra el cielo azul acero, para luego ir desdibujándose en su gradual descenso hacia las riberas. Islas de tierra o árboles y picos de abrupta roca interrumpían aquí y allá aquella horrible monotonía de cimbreantes cañas. Por fin, los bancos se volvieron más firmes, como murallas bien definidas de arena amarilla, orladas en algunos sitios por palmeras o frondosos árboles y erizadas por todos lados de matorrales espinosos. Salimos de una selva húmeda para adentrarnos en una árida selva. Pero entre ambas, en una región intermedia, se ven vastas áreas de polvorientos llanos cubiertos de maleza, no del todo inservibles para el cultivo en las estaciones lluviosas y frecuentados siempre por hatos y rebaños, que flanquean ambas márgenes del río. Las caravanas de camellos se arrastran pesadamente bajo la llamarada y el resplandor del sol. El espejismo empieza a distorsionar el paisaje, emborronándolo con aguas engañosas. A intervalos de cuarenta o cincuenta millas se encuentran delegaciones del Gobierno sudanés, bien cuidadas y parejas, provistas de edificios públicos y almacenes, hileras de barracas para sus guarniciones, un laberinto de embarcaciones nativas y siempre, o casi siempre, uno o dos cañoneros de los tiempos de guerra, utilizados ahora como barcos por la policía de río.

Así pues, llegamos sin retrasos a Fachoda, ahora llamada Kodok* por el viejo amor a la tradición. Los numerosos miembros de la tribu *shilluk* que (a petición del público) permanecían sobre una pierna en su pensativa actitud natural, las vigorosas compañías de tropas sudanesas y los mandos británicos, civiles y militares, formaban un definido conjunto bajo la seca luz de un sol abrasador, tan sólo velado por danzarines remolinos de arena lastimosamente fustigados por fuertes vientos calientes. Todo esto me hacía recordar una etapa de la campaña de Omdurman; el viejo y familiar Sudán, evocado con tanta frecuencia por la imaginación de los británicos a través del lápiz, la pluma y la fotografía en el transcurso de casi veinte años de guerra, se desplegaba rasgo a

* Kodok: alusión al *Incidente de Fachoda*. Así se conoce el encuentro que protagonizaron los ejércitos inglés y francés en la ciudad de Fachoda, adonde acudieron en 1898 con el fin de zanjar su desacuerdo sobre la hegemonía de ambos países en el continente africano. Pero en lugar de producirse el previsible enfrentamiento, se inició una política de negociaciones que desembocaría en la firma de la *Entente Cordiale* (1904). Aunque en el momento del viaje de Churchill la ciudad ya se llamaba Kodok, pues los ingleses le habían cambiado el nombre con la esperanza de borrar el recuerdo de su "derrota", el autor opta por el antiguo topónimo a lo largo de toda la narración.

rasgo ante nosotros. Y, sin embargo, ¡todavía estábamos a quinientas millas del sur de Jartum!

Nos quedamos dos días en Meshra-er-Zeraf para ir de caza, por invitación del *sirdar*, a un extenso coto donde tuvimos la suerte de hacernos con un búfalo y varios antílopes. Estuvimos vagando por un duro terreno de arena blanca y montículos de áspera hierba, más gris que verde, con desnudos endrinos que formaban una laberíntica maraña; pese a todo, parecía repleto de animales salvajes. La segunda mañana, tan sólo en tres horas, cacé un respetable antílope cob, dos africanos y dos ruanos de una magnífica manada que, al bajar a beber al río, cayeron en nuestra emboscada. Se debe tener en cuenta que la alta probabilidad de cobrar piezas de una categoría muy superior, como son el león o el búfalo, contribuye al placer y la emoción de la caza en estas tierras; de modo que nadie se preocupa demasiado por tener a mano su pesado rifle o por dedicarle toda la atención al animal que se acecha. Me refiero a esas gentes, seguramente carentes de iniciativa y un tanto perversas, que derrochan una fortuna al año en mantener a su disposición rebaños de ciervos mansos, con artificial celo y en detrimento de otros moradores de esta pequeña isla, cuando, en un mes y por un precio inferior a la renta anual de sus cotos, podrían cazar todo tipo de animales salvajes en su propio hábitat y disfrutar así de algunas experiencias que recordarían toda la vida.

Me sentía tan exaltado por esta placentera mañana de práctica deportiva y por mi inminente regreso al mundo civilizado —a fin de cuentas, los contrastes suelen contribuir al placer— que me permití felicitarme porque, habiendo gozado de una total inmunidad frente a cualquier accidente serio, enfermedad o incluso simple fiebre, habíamos logrado salir sanos y salvos de nuestro largo viaje. ¡Qué exagerados eran los relatos sobre los peligros de las expediciones a África! ¡Qué fácil evitar los malignos riesgos del camino! Precauciones razonables, ejercicio regular y dosis de quinina, ¿no eran en sí mismas garantías de seguridad? Esas cuentas echaba yo, y con aparente razón, pero en mala hora. El viaje aún no había terminado.

Tras una travesía de veinticuatro horas desde Meshra-er-Zeraf, llegamos a Jartum. El aspecto del país no había variado. Pendientes de arena amarillas acudían a empaparse en las orillas del Nilo, arbustos espinosos orlaban el río por ambas márgenes pero, aún más a menudo y en mayor abundancia, las datileras se entremezclaban con la vegetación y las aldeas construidas en adobe pardo con las poblaciones de color barro, que se multiplicaban conforme las millas se iban deslizando a toda velocidad. Al final, un solitario árbol, bajo cuya enorme y frondosa copa se podrían refugiar del despiadado sol un centenar de personas —el denominado árbol de Gordon*— nos advirtió sobre la cercanía de Jartum. Enseguida, apareció ante nuestros ojos el vasto laberinto de adobe de Omdurman, con bosques de mástiles enarbolados a lo largo de su ribera, mientras en la otra orilla, entre palmerales cada vez más densos y agrupados, surgían los minaretes azules, rosa y carmesí del nuevo asentamiento. La nueva Jartum —resurgida de sus ruinas aún más próspera y hermosa—, una risueña ciudad emplazada como una reina en su trono sobre la confluencia de los dos Nilos, corazón y centro de un formidable poder de vasto alcance, se desplegaba ante los ojos del viajero. El barco gira de súbito a la derecha, abandonando las opacas y plácidas aguas del río soberano que hemos seguido hasta este momento y, tras penetrar en una agitada corriente de aguas más claras, se desplaza meciéndose Nilo arriba por su noble feudatario, el Nilo Azul. Después de pasar junto a unos malecones coronados de palmeras, el vapor entra en la ciudad y el puerto modernos, por la parte oriental, encontrándose rápidamente rodeado por sus palacios, mezquitas, almacenes y muelles.

Han transcurrido casi diez años desde que la dominación derviche fue vencida para siempre en el campo de batalla de Omdurman y, desde entonces, cada año ha significado un continuo y relevante progreso, en todas las esferas de la actividad pública, para las diversas provincias del Sudán. Se ha restablecido el orden y se continúa man-

* Árbol de Gordon: hace referencia al árbol en que fue colgada la cabeza del general Gordon tras su muerte a manos de los derviches en el sitio de Jartum (1885).

teniendo con éxito, aunque de forma un tanto precaria, incluso en las partes más remotas de Kordofan. El ferrocarril se ha ampliado hasta la orilla sur del Nilo Azul, conectando Jartum con El Cairo y con el Mar Rojo; sólo falta construir un puente para cruzar el río y acceder así a las fértiles regiones de Ghezireh. Una respetable flota de vapores mantiene una comunicación rápida y regular a lo largo de los grandes canales. Los ingresos estatales han subido de unos cuantos miles al año en 1899 a una cifra bastante superior al millón de libras esterlinas en 1907. Improvisados métodos de agricultura han hecho crecer la riqueza del país, las medidas preventivas frente a las masacres y al hambre están comenzando a restaurar la población, la esclavitud ha sido abolida y, sin afrentar la religión ni interferir demasiado en las costumbres del pueblo, se han introducido algunas técnicas artesanales y cierto grado de educación.

Estos notables cambios, que son patentes en todo el país, no se manifiestan en ningún otro sitio de un modo tan sorprendente e impactante como en la capital. Un espacioso palacio, en medio de un hermoso jardín, ha surgido de las ruinas donde pereció Gordon. Amplias calles iluminadas con electricidad y flanqueadas por prestigiosas tiendas europeas, discurren con precisión geométrica a través de la ciudad. Un sistema de tranvías de vapor en conexión con los transbordadores, frecuentados sobre todo por nativos, facilita las comunicaciones dentro de Jartum y entre Omdurman, Halfyah y Jartum. Un semicírculo de sólidos barracones, estructurados conforme a una estrategia defensiva, protege los accesos por tierra. El *Gordon College* bulle de actividad —musulmanes y cristianos, letras y manualidades— y, en las ocasiones solemnes, se organizan desfiles en los que hasta siete mil soldados, ataviados con todo tipo de uniformes, marchan rindiendo honores a la bandera británica o a la egipcia.

Sin embargo, ni estos alentadores progresos, más impactantes aún por contraste con los recuerdos de diez años atrás, ni la gentil hospitalidad del *sirdar*, responsable en mayor medida que ninguna otra persona de la tremenda tarea de reconstrucción y resurgimiento de la ciudad, iban a impedir que me llevase una sombría imagen de Jartum.

Cuando nuestro barco de vapor se estaba aproximando al embarcadero me comunicaron que mi sirviente inglés, George Scrivings, se había puesto enfermo repentinamente; enseguida lo fui a ver y lo encontré postrado, con la piel teñida de un extraño color azul. Avisamos a los mejores médicos, ya que teníamos a mano el hospital de Jartum, con todos sus recursos. No parecía haber ninguna razón para temer un desenlace fatal. Sin embargo, a consecuencia de haber ingerido alguna sustancia venenosa, había sufrido una violenta inflamación interna que nosotros, al parecer, habíamos logrado eludir y, tras quince horas de enfermedad, murió a primera hora de la mañana siguiente con casi todos los síntomas del cólera asiático.

Demasiado pronto, en efecto, me había aventurado a felicitarme. África siempre reclama su prenda; así pues, de los cuatro hombres blancos que habíamos salido juntos de Mombasa, sólo tres regresamos a El Cairo. Un sepelio militar supone la confluencia de los dos rituales más impresionantes del mundo. El día siguiente a la Batalla de Omdurman me había tocado en suerte enterrar a los soldados del 21 Regimiento de Lanceros, que habían fallecido durante la noche a consecuencia de las heridas. Ahora, nueve años más tarde y en circunstancias bien diferentes, había venido desde el otro extremo de África a este torvo lugar, donde se había derramado tanta sangre, para volver a encontrarme de pie ante una tumba abierta, mientras el resplandor amarillo del sol poniente aún se demoraba sobre el desierto y el sonido de las salvas funerarias rompía el silencio.

* * *

El resto de nuestro viaje discurrió en los cómodos coches cama del ferrocarril del desierto, a través de zonas más turísticas, hasta que los deliciosos vapores de pasajeros de Wady Half nos transportaron por el canal de Asuán al Alto Egipto, sin novedades ni tropiezos, y desde allí, a El Cairo y Londres.

XI El ferrocarril Victoria y Alberto

Mi viaje ha llegado al final y con él termina mi relato, pero el fiel lector que me ha seguido hasta aquí tiene derecho a preguntarse cuál es la conclusión que le presento a mi regreso. Se puede resumir en tres palabras: ¡concentrarse en Uganda!

En la mayor parte del cuarto nordeste de África, la autoridad o influencia británica es suprema de una forma u otra. Pero cuando vuelvo la mirada a este vasto continente no encuentro ninguna otra zona, con la única excepción de Egipto, que ofrezca unas expectativas tan prometedoras como el Protectorado de Uganda. El Sudán abarca un territorio mucho más grande en tamaño e importancia y no supone preocupación alguna para Gran Bretaña, pero sus tierras no son tan fértiles. Por su parte, el Protectorado del África Oriental no sólo posee extensos terrenos litorales de gran valor, sino también magníficas mesetas donde el aire es tan fresco como el de la primavera inglesa. Pero en este país —y en las necesidades de sus costosos colonos— ya hemos invertido una cifra superior al total de los ingresos de Uganda y, sin embargo, no ofrece unas recompensas tan brillantes. El norte de Somalia es un desierto de rocas y arbustos espinosos, poblado por fanáticos armados de rifles en el que gastamos una suma casi equivalente a la mitad de los subsidios concedidos a Uganda en un año. Y entre ambos países existe un contraste tan radical que, dicho de la forma más cruda, es como comparar un terreno yermo y su peligrosa población con una fructífera tierra y sus dóciles habitantes. La posesión menos valiosa resulta más difícil de conquistar; la más valiosa, en cambio, es más asequible.

En Uganda (e incluyo en esta popular denominación a Usoga, Unyoro, Toro, Ankole, etc.) el aprovechamiento racional de la conjunción entre la incomparable fertilidad de una región de magníficos accesos fluviales y una población de gran inteligencia y sociabilidad, acabará por fructificar en un notable desarrollo económico, a menos que se cometa algún error o negligencia lamentables. Ahora mismo ya más de la mitad del tráfico ferroviario que pasa por Mombasa procede del otro extremo del lago. Sin embargo, aquí apenas se han hecho inversiones. No existen carreteras modernas, no se han construido ferrocarriles, ninguna catarata ha sido aprovechada ni se han acometido obras públicas de envergadura. El coste diario de la administración europea se ha logrado sostener apenas con una modesta subvención pues, prácticamente, no se ha invertido ningún capital en efectivo ni a crédito en el desarrollo del país. Y aun así, se mantiene vivo por su propia cuenta. Muestra una auténtica vitalidad y, desde mi punto de vista, a pesar de los insectos y las enfermedades, se terminará por convertir, con el transcurso del tiempo, en la más próspera de nuestras posesiones del África central y oriental y, quizás, en el motor económico de esta parte del mundo. Lejos de mi intención está menospreciar el Protectorado del África Oriental o sugerir una disminución de las actividades e inversiones en este país. Ambos protectorados se complementan entre sí y deberían avanzar juntos; pero, en vista de sus relativas posiciones y considerando la situación actual, mi consejo es muy simple: ¡concentrémonos en Uganda! En ningún otro sitio de África se le podría extraer una rentabilidad tan alta a una inversión tan reducida. No existe otro lugar donde sea posible alcanzar con semejante rapidez unos resultados más sustanciales y brillantes.

Ya sólo el algodón sería suficiente para labrar la fortuna de Uganda. Las mejores variedades de esta planta pueden ser cultivadas aquí con el máximo rendimiento y existen unos cien mil perspicaces hacendados, propietarios de veinte mil millas cuadradas de terrenos idóneos, que están impacientes por dedicarse a su cultivo. Se dispone de una población trabajadora y organizada para suministrar mano de obra. Recientemente, a instancias del Gobierno, se ha plantado algodón en plan experimental por todo el país en una escala considerable. El volumen de producción —aunque por supuesto sólo sean los primeros pasos— muestra una tendencia a la expansión sorprendente. Se debe proceder con sumo celo, y ya se han tomado medidas al respecto, para garantizar que la calidad del algodón exportado por Uganda no resulte deteriorada ni perjudicada en su reputación por culpa de actuaciones precipitadas o incompetentes, distribuyendo sólo las semillas que arrojan los mejores resultados y no permitiendo el uso de mezclas indiscriminadas. Corresponde a la administración controlar los cultivos. Los expertos han de vigilar a los desmotadores e instruir a la población nativa. Se deben construir carreteras para poder comercializar las cosechas. De hecho, la organización científica de los recursos para el cultivo del algodón en Uganda, ya se ha abordado de manera definitiva. En el futuro se dedicará a este propósito una subvención anual extraordinaria de 10.000 libras esterlinas y todo el proceso será supervisado por profesionales europeos que, a través de la Oficina Colonial, procederán en estrecho contacto con las más altas autoridades de Manchester y de la *British Cotton-Growing Associaton*. A juicio de los más competentes observadores, la producción de algodón experimentará un notable auge en los próximos cinco años, incluso si los medios disponibles para fomentarla continúan siendo escasos.

Pero el algodón es sólo uno de tantos productos tropicales, cuya demanda por parte de la industria civilizada es casi insaciable, que en ningún otro lugar del mundo puede ser cultivado a un coste tan bajo y con tanta calidad como entre las aguas de los dos grandes lagos. Las plantaciones de caucho, fibra, canela, cacao, café o azúcar pueden desarrollarse en la mayor parte del país; bosques vírgenes de exquisita y valiosa madera están aguardando la llegada de las hachas y, si bien es probable que la riqueza mineral no llegue a labrar la fortuna de Uganda, los fundamentos económicos de su prosperidad se apoyarán, sin duda, sobre una rica y variada agricultura. Con todo, jamás podrá ser un país de colonos. Cualquiera que llegue a ser el destino de las tierras altas del África Oriental, las orillas de sus grandes lagos no se erigirán nunca en morada permanente de la raza blanca. Es una tierra de hacendados, donde los trabajadores indígenas han de ser organizados y dirigidos por una inteligencia superior y capital extranjero. Por mi parte, me alegro de que las condiciones geográficas del país sean tales como para impedir que, en el corazón de la alegre Uganda, se establezca una mínima comunidad blanca imbuida de las malvadas y egoístas ideas que definen las difíciles relaciones entre las razas y originan la explotación del más débil. Dejémosla que continúe siendo una "tierra de hacendados". Permitamos que estos últimos, en vez de actuar como agentes de exaltadas sociedades obsesionadas con los beneficios de miles de acciones a muchas millas de distancia, sean los europeos solventes y fuertes, capaces de demostrar ante los nativos sus conocimientos y su habilidad para ofrecerles tratos justos y sagaces, o mejor aún —digo yo—, dejémosles ejercer como desinteresados funcionarios estatales que dirijan el desarrollo del país, no en función de su propio o de cualquier otro interés pecuniario sino del bien común de sus habitantes y del Imperio al que pertenece.

Pero si la inmediata inflexión de la política británica en el África Oriental contemplara como prioritaria, sin detrimento de otros protectorados, la dinamización del progreso social y económico de Uganda, ¿cuáles serían las primeras medidas a tomar? Se me ocurren muchas ideas sobre política forestal y agrícola, sobre el desarrollo de un sistema de educación técnica similar al ofrecido en el *Gordon College* de Jartum, que aquí se podría establecer en parte concediendo subvenciones a los centros misioneros ya existentes, sobre la mejora de carreteras, indispensables para el progreso, o sobre las posibilidades de los transportes mecánicos y de la energía hidroeléctrica. Pero prefiero difundir un breve y claro mensaje que ya he expresado en otra ocasión en tres palabras: «construyamos un ferrocarril».

El conjunto de posesiones coloniales recientemente adquiridas en las costas africanas del este y del oeste, con tanta rapidez y tan poco coste o derramamiento de sangre, sin duda constituirán un inestimable, si no necesario, elemento del Imperio Británico. De este vasto territorio se extraerán materiales para gran parte de nuestras industrias más relevantes; como contrapartida fluirá un continuo y creciente tráfico de productos británicos hacia estas colonias que, a su vez, constituirán un saludable y honrado terreno donde poner en práctica las peculiares dotes administrativas y elevadas virtudes cívicas de nuestra raza. Algunos de estos grandes estados, como la Nigeria meridional de la costa oeste, son ya tan ricos como para autoabastecerse e incluso contribuir, mediante créditos y subvenciones, al progreso de sus vecinos menos desarrollados. Otros, en cambio, constituyen todavía una carga en nuestros cálculos. Cada año nos vemos obligados a gastar considerables sumas en subvenciones destinadas a Somalia del norte, el Protectorado del África Oriental, Nyasaland* y Uganda. Otro pesado lastre en las finanzas de toda la costa este, lo constituye el desembolso de capital para el Ferrocarril de Uganda. De ningún otro modo van a ser aliviadas o suprimidas estas cargas sino alcanzando una cierta prosperidad económica en uno o más de los territorios afectados, o bien favoreciendo un aumento del tráfico ferroviario a lo largo de la línea principal de Uganda como consecuencia del desarrollo. Las condiciones actuales parecen garantizar la continuidad de un progreso cada vez más estable y esperanzador. Las obligaciones que pesan sobre los presupuestos de las colonias disminuyen gradualmente. La administración de los diferentes gobiernos sigue evolucionando cada año en cuanto a complejidad, eficiencia y, por añadidura, gastos. Pero la carga extra se ve cada día más recompensada por el rendimiento de este agradecido suelo. Si no fuera por las alteraciones derivadas de las guerras, rebeliones, pestilencias y hambrunas que se ciernen sobre la infancia de los protectorados tropicales —factores, sin embargo, susceptibles de ser prevenidos y controlados— sería fácil calcular la fecha, no demasiado remota, en que se volverá superflua cualquier aportación del

* Nyasaland: actualmente Malawi.

contribuyente británico. El rumbo de los acontecimientos es esperanzador, pero hay un medio que solucionaría el problema de una manera mucho más rápida y segura, minimizando todas las posibilidades adversas e impulsando y multiplicando los recursos existentes al mismo tiempo: el ferrocarril.

Incluso me atrevería a decir que entraña una pérdida de tiempo y de dinero pretender gobernar, y más todavía impulsar, una importante posesión africana sin ferrocarril. No puede garantizarse ningún tipo de seguridad, progreso o riqueza sin una línea central de comunicación rápida, como mínimo, que atraviese el corazón de estos territorios. En lugares como Somalia del norte donde la tierra es del todo estéril, un mero desierto de rocas y maleza, o en otros donde los peligros militares son excesivos y totalmente desproporcionados respecto a cualquier resultado susceptible de obtener algún día, repliegue y concentración constituyen la mejor estrategia. Pero si por alguna razón se decide permanecer y gobernar, un ferrocarril se convierte en la primera de las necesidades básicas. Hasta ese momento cualquier gobierno civilizado resultará precario y despilfarrador y todo comercio provechoso, prácticamente imposible. Todas estas consideraciones acaban de conducir al Gobierno británico a aprobar la ampliación de la red ferroviaria en casi 600 millas, una obra que ya se está llevando a cabo con suma rapidez en el norte y sur de Nigeria; estos mismos argumentos son aplicables, y a mi juicio cada vez con más fundamento, al Protectorado de Uganda.

No se suele tener presente que el Ferrocarril de Uganda no pasa por este país. Es el ferrocarril *a* Uganda, y no *de* Uganda. Se detiene a escasa distancia de la tierra que le da nombre para derrumbarse exhausto por sus vicisitudes y esfuerzos, encantado de lamer con avidez las aguas del lago Victoria. A Uganda accede la red de comunicaciones, pero sin atravesarla en absoluto. Sin embargo, la ampliación de la vía férrea desde la orilla oeste del lago Victoria hasta el lago Alberto, no sólo la conduciría a través del más valioso y fértil territorio dentro de su alcance sino que, como voy a demostrar a continuación, podría abarcar más del doble de su campo operativo actual.

Se puede aceptar como un axioma general que, en el presente estado de evolución de los protectorados africanos, difícilmente en algún caso, y de hecho creo que en ninguno, merece la pena construir ferrocarriles aptos para competir con las vías fluviales. En los países de reciente creación, los trenes deberían ser un complemento, nunca un sustituto, de la navegación por ríos y lagos. Es cierto que las rutas directas por ferrocarril, donde la mercancía no sufre desperfectos y se evita cualquier retraso o alteración, implican una notable ventaja en comparación con la mera combinación de escalas en puerto y trenes de enlace. Si dejásemos a un lado la cuestión del coste, no cabría duda alguna sobre cuál de ambos medios sería más idóneo. No obstante, la cuestión del coste precisamente no se puede obviar por ser, a todas luces, el factor determinante de la propuesta desde sus mismos orígenes. Pero, mientras los países de primera categoría se pueden permitir ferrocarriles de primera clase y *trains de luxe*, los de segunda deben ser menos ambiciosos y los de reciente creación en la jungla se conforman, o deberían conformarse, con disponer de cualquier tipo de línea férrea. Las diferencias entre el mejor y el peor ferrocarril del mundo son inmensas e indiscutibles, pero se vuelven del todo insignificantes cuando se contraponen con la diferencia entre el peor del mundo y ninguno en absoluto. Se debe recordar que el parangón no se establece con las casi perfectas líneas europeas, ni con nada similar, ni siquiera con un tren de mercancías, sino que la nueva línea pionera debe ser comparada con una defectuosa fila de trotadores, bamboleantes, jadeantes y rezongones culíes —hombres reducidos a simples bestias de carga—, es decir, con el más lento, endeble, degradante y penoso método de transporte que haya deshonrado jamás al mundo. Confrontada con tal medio, cualquier línea de comunicación a vapor, por ligera, irregular y primitiva que sea, resulta maravillosa.

Estoy tratando de dirigir al lector hacia una propuesta positiva, de carácter modesto y práctico; me refiero a la construcción de una nueva línea férrea que podría denominarse "El ferrocarril Victoria y Alberto" aunque, en realidad, sólo se tratase de una ampliación de la ya existente línea de Uganda. Este tren atravesaría el territorio emplazado entre los dos grandes lagos, uniendo estas dos respetables reservas de agua con todas sus respectivas conexiones fluviales. La distancia no es excesiva; el trayecto, en ningún caso, sobrepasaría las 250 millas aunque tal vez con 150 fuera suficiente. Según mis fuentes de información, el coste de esta línea de ferrocarril podría estimarse en un máximo de 5.000 libras esterlinas por milla, así pues, la cifra total barajada se situaría entre 1.250.000 y 750.000 libras.

La ventaja fundamental de construir una terminal del tren junto al gran lago, reside en que cada uno de los puntos de la orilla se pondría en comunicación directa con la estación término de la línea. Los vapores recorren la costa trazando círculos de modo que cualquier clase de comercio o tráfico que circule por todo el perímetro del lago, llegaría de inmediato al tren. De hecho, los lagos son áreas estancadas para el comercio y la única manera de contribuir a un más fácil y rápido desarrollo de la economía del África central, sería conectarlos a través de una red de comunicaciones a vapor.

Existen dos rutas que presentan varias ventajas competitivas a la hora de proyectar el ferrocarril Victoria y Alberto. La primera, la más obvia y conveniente, pero también la de mayor coste, cruzaría en línea recta las altas tierras de Toro, a través de los mejores campos de algodón, desde un punto del lago Victoria próximo a Entebbe hasta la desembocadura del río Semliki, en el extremo sur del lago Alberto. La segunda seguiría prácticamente los pasos recogidos en estas páginas. No ofrece una línea directa. No pasa por tierras cultivadas ni habitadas en todo su recorrido. Tampoco llega al lago Alberto por el lado más conveniente. Pero resulta mucho más económica que la primera. Sólo cuenta con 135 millas de trayecto en lugar de las casi 250 que tendría la otra. Esta red ininterrrumpida de medios de locomoción a vapor, no sólo abarcaría los dos grandes lagos sino además el Kioga, con todos sus canales y afluentes.

En resumen, este último proyecto se traduciría en dos líneas de ferrocarril: la primera, de unas 60 millas, desde Jinja (o las cataratas Ripon) hasta Kakindu, el primer enclave donde el Nilo Victoria se vuelve navegable, y la segunda, de unas 75 millas, desde los alrededores de Mruli hasta el Nilo, bajo las cataratas Murchison, y ya cerca de su desembocadura en el Alberto. Con estas dos conexiones de ferrocarril, un total de sólo 135 millas de trayecto, se ejercería el control sobre una maravillosa red de vías fluviales, a saber: I.- Unas 30 millas del Nilo Victoria, desde Kakindu al Kioga. II.- El propio lago Kioga, con sus largos brazos y golfos extendidos en profundidad por todas las fértiles regiones del suroeste del monte Elgón, que incluiría un perímetro litoral de navegación, accesible a barcos de vapor, de no menos de 250 millas. III.- Todo el tramo navegable del Nilo Victoria desde el Kioga a Foweira, donde se inician de nuevo los rápidos que conducen hasta las cataratas Murchison, es decir, unas 70 millas más. IV.- Otras 30 millas desde la zona inferior de las cataratas al Alberto. V.- Las 250 millas de riberas que abarca el lago Alberto. VI.- La zona navegable del río Semliki a partir del banco de arena, de unas 70 millas. VII.- Finalmente, unas 120 millas más del magnífico tramo abierto en el Nilo Blanco, desde el Alberto a Nimule. De este modo, con la construcción de tan sólo 135 millas de vías férreas, se dispondría de unos medios de comunicación veloces y modernos con un alcance global de unas 800 millas y, con la simple adición de una quinta parte a su longitud y una octava a su coste, el radio operativo del Ferrocarril de Uganda sobrepasaría el doble del actual. Las líneas serían mínimas pero estarían bien distribuidas.

No es mi intención influir en la elección de una de las dos rutas. Ambas están siendo estudiadas con sumo interés. Tal vez presente mayores ventajas la línea que pasa por Toro, la más larga y ambiciosa. Pero su alto coste —casi dobla el de la anterior— constituye un factor fundamental, no sólo para el Gobierno, responsable de buscar financiación, sino incluso todavía más para la solidez económica de una empresa que permanecerá bloqueada si se le permite tener unos gastos de inversión superiores a los amortizables por las ganancias estimadas. Se trata de una cuestión que requiere un análisis lúcido y paciente, un detallado cálculo del equilibrio entre las diversas ventajas competitivas y una flexible armonización entre lo práctico y lo utópico.

Esperemos ahora la llegada de un día —seguramente no muy remoto— en que, por una vía o por otra, la distancia entre los lagos Victoria y Alberto quede salvada por una línea de ferrocarril que hará accesibles las Montañas de la Luna en apenas cuatro jornadas de viaje desde Mombasa. Entonces, el Gobierno británico tendrá a su disposición la ruta más corta para penetrar en el Congo oriental. El Ferrocarril de Uganda se podrá permitir ofrecer unos precios, para mercancías y material ferroviario, con los que no será capaz de competir ninguna otra línea susceptible de ser construida jamás. Todo este tráfico —considerable ya aunque todavía un tanto asfixiado— que va goteando a través de África, vía Boma, hasta alcanzar el Atlántico y, mientras busca con ansiedad una salida hacia el norte, se filtra con cuentagotas en Uganda, acabará por fluir con abundancia y rapidez a través del Ferrocarril de Uganda, para beneficio de todas las partes afectadas, siempre y cuando se eleve esta línea, por medio de un impulso continuado, del *estatus* de instrumento político al de sólida empresa comercial. No existe ningún otro modo de conseguir que el contribuyente británico recupere su inversión. Las ventajas son múltiples y el precio, razonable. Es posible que consideraciones de otro tipo pospongan esta obra que, cuando menos, se verá demorada por la imperiosa necesidad de analizar a fondo el tema, pero no me cabe ninguna duda de que, en este conjunto de protectorados que Sir Frederick Lugard solía llamar con orgullo «nuestro Imperio del África Oriental», el tren Victoria y Alberto es ahora mismo el proyecto más ambicioso a la espera de ser realizado.

Pero avancemos otro paso más en la evolución de las comunicaciones en el nordeste de África. Cuando un ramal del Ferrocarril de Uganda llegue hasta el lago Alberto, ya sólo será preciso crear la adecuada conexión de toda la red de vías fluviales y ferroviarias del África Oriental y Uganda con el moderno sistema de líneas férreas y canales del Sudán y Egipto, conectar Uganda con el ferrocarril del desierto y unir las vías navegables de los grandes lagos a las del Nilo Blanco y el Nilo Azul. El único enlace que faltará constituye, además, un tramo muy corto: las 110 millas que separan Nimule de

Gondokoro, el punto donde las cataratas interrumpen el curso del Nilo. Acerca de la utilidad comercial de dicha conexión *en sí misma* no me voy a extender, pero su función de enlace entre dos gigantescos sistemas de medios de comunicación a vapor revestirá, a mi juicio, una suma importancia en el futuro. A partir del momento en que se haga realidad, todo el cuarto nordeste del continente africano, actualmente bajo el dominio total o parcial de la Corona Británica, contará con una ininterrumpida vía de comunicación para medios a vapor, con un recorrido total de unas 2.000 millas por tierra y mar.

Las mentes audaces y soñadoras pueden aventurarse más allá de estos factibles y sólidos pasos, adentrándose en unas regiones más especulativas y remotas. Quizás el día en que el sistema de enlace de vías fluviales y ferroviarias entre Uganda y el Sudán haya sido ejecutado, el ferrocarril entre el cabo de Rodas y El Cairo llegue ya al extremo sur del lago Tanganika; ese día tan sólo la falta de un pequeño tramo impedirá contar con una línea transcontinental completa, si no válida para todo tipo de vehículos, sí al menos para el tráfico a vapor y el rápido y confortable desplazamiento de viajeros.

Tal vez entonces habrá llegado el momento de emprender un nuevo viaje; pero como, sin duda, el lector se tomará la molestia de adquirir un billete de primera clase y ya no requerirá mis servicios de guía, aprovecho esta oportunidad para despedirme de él con una profunda reverencia.